高铁调度员岗位胜任力测评：
理论与实践

郭孜政　庄　河　史　磊　冯　果　著

科 学 出 版 社

北 京

内 容 简 介

调度员作为铁路运输系统的组织与指挥人员，对保障高铁安全高效运行起着重要作用。因此，对调度员岗位胜任力的研究是从调度系统人因角度提高铁路整体运营安全的关键一步。本书试图通过构建调度员岗位胜任力模型和量化评估体系来为调度员人才选拔和培养提供理论支撑。

本书包括三篇共十章。第一篇为实践理论，包括第1、2、3章，主要阐述胜任力测评模型、测评方法与实际应用等基础理论；第二篇为实证研究，包括第4、5、6、7章，主要结合调度员工作任务分析、结构性访谈和量化评估等方法，阐述调度员胜任力模型构建、指标体系测评及信效度检验；第三篇为管理应用，包括第8、9、10章，主要阐述调度员胜任力干预矫正方法和测评系统设计开发。

本书可供铁路行业企业的管理部门、大专院校相关专业师生，以及对高铁调度员作业适应性测评、胜任力模型构建感兴趣的读者参考。

图书在版编目（CIP）数据

高铁调度员岗位胜任力测评：理论与实践 / 郭孜政等著. —北京：科学出版社，2023.2
　ISBN 978-7-03-069306-8

　Ⅰ. ①高…　Ⅱ. ①郭…　Ⅲ. ①高速铁路-列车调度　Ⅳ. ①U238

中国版本图书馆 CIP 数据核字（2021）第 125872 号

责任编辑：华宗琪 / 责任校对：王莉莉
责任印制：罗　科 / 封面设计：义和文创

科 学 出 版 社 出版
北京东黄城根北街 16 号
邮政编码：100717
http://www.sciencep.com
四川煤田地质制图印务有限责任公司 印刷
科学出版社发行　各地新华书店经销
*
2023 年 2 月第 一 版　开本：720 × 1000　B5
2023 年 2 月第一次印刷　印张：9 1/2
字数：191 000
定价：99.00 元
（如有印装质量问题，我社负责调换）

前　　言

截至 2021 年底，我国高速铁路（简称高铁）运营里程已达 4 万公里，"十四五"规划指出：到 2025 年，高铁运营里程将达到 5 万公里。高铁的蓬勃快速发展，给铁路部门的安全运营带来巨大压力。作为整体高铁指挥运营系统的核心，调度部门担负着保证运营安全与运营效率的重要任务。

然而，与之相对应的却是我国高铁从业人员，尤其是调度员的选拔与培养，明显滞后于轨道交通的发展和调度系统科学化的进程。目前对调度员的选拔和作业风险考核主要采用传统的经验化、纸笔考试化、职位逐步晋级的方式，不能对调度员的胜任力进行全面和科学的评估，缺乏一套从调度员心理素质、业务能力、应急处置能力等全方位角度出发，科学、客观、定量的岗位胜任力测评体系。

在这样一个背景下，作者围绕调度作业安全，广泛吸收航天员、飞行员、空管员等工种领域先进的方法与经验，严格按照人因工程、认知心理等领域的严谨科学方法进行调查研究。经过长达 3 年多的理论研究与实践探索过程，最终形成了本书。本书主要针对调度员的作业方式与特点，结合人因工程学方法，不仅采用行为事件结构性访谈法概括出调度员包括能力、技能、态度和特质四个维度在内的共计 35 项胜任力特征，进而根据调度员日常作业和应急处置的工作特性，构建出基于调度工作适应性的胜任力模型；而且通过量化评估，从调度员的心理适应性（心理健康、人格、抗压与心理稳定性）、认知能力适应性（注意力、记忆力、操作能力等）和作业能力适应性（专业基础知识、实际操作技能、应急处置能力）三个方面分析调度员的人因失误诱发机理，并在此基础上建立调度员的岗位胜任力测评指标体系，实现了对铁路系统调度人员的科学评价，为调度员选拔、培训提供实践依据。同时，本书也对胜任力模型的基本历史、理论、建模方法、应用领域和发展前景等内容进行了系统的阐述，涉及构建岗位胜任力的各个方面，对科学解答轨道交通领域如何构建胜任力模型提供了全方位的知识梳理和理论支撑。

特别是在调度员胜任力指标测评过程中，始终将实证研究与理论建构紧密联系起来，主旨清晰，方向正确，方法科学，使得研究成果更具有实践针对性和理论层次性。通过该胜任力测评系统，可以对调度员开展基于胜任力的人员科学选拔与培养，一方面有助于减少铁路行车事故概率，减少列车晚点概率及晚点时间，进一步维护铁路系统的运行效率和安全；另一方面也有利于调度员从个体层面，加深了解自身的优势和不足，并促使其不断完善业务素质和技能，朝优秀调度员看齐，并为个人职业生涯规划提供依据。此外，从管理的角度看，也有助于铁路部门有针对性地对相关从业人员进行作业安全意识的培养、专业技术的培训和人力资源的管理等，将铁路行车安全隐患中的人为因素降至最低，进一步推动高铁行车指挥作业信息化、专业化和体系化建设。

总而言之，本书首次以理论和实践相结合的形式，扩展了轨道交通人因安全领域的研究与实践，填补了该方向理论与技术方法、设备的空白，梳理了铁路运输系统中调度员这一关键作业岗位的胜任力影响因素和测评指标体系，针对性地建立了全职业周期相对可靠的准入准出制度和作业风险评估办法，为从人因安全工程角度保障高铁调度作业安全提供了技术方法与技术装备支撑。研究成果涵盖从基础认知能力到应急处置业务能力的高铁行车调度员作业安全适应性全方位测评系统，为高铁行车调度员的选拔与定期评测和干预矫正提供了定量化依据，为从人力资源管理角度保障铁路运营安全这一关键问题提供了科学、定量化的解决办法。

但仍需要提出的是，任何科学研究的成果都会随着实践的发展和科学技术的更新而被不断完善与再发展。本书在轨道交通安全和调度员储备领域显现出了一定的学术创新性，但也只是在该领域的初步探索。伴随调度员胜任力测评系统在实践中的应用与迭代，作者期望通过自己的努力为调度人因安全管理给予更大的支持。

本书得到国家自然科学基金项目"高铁司机警觉度计算及危险预警启动机理研究"（52072320）的资助，再次表示感谢。

目　录

第一篇　实　践　理　论

第二篇　实　证　研　究

第三篇　管理应用

第一篇 实践理论

第一章 胜任力概述

第一节 胜任力研究的发展历程

一、胜任力的起源

胜任力是当代心理学、教育学、人力资源管理等学科研究的热点之一。关于胜任力的研究最早可追溯至 20 世纪初泰勒关于"时间-动作"的探索，他在分析工人工作中身体机械运动所能达到的最高效率时，开始把机器作为衡量工作效率的准绳。此后，智力测验的结果、人格测量和人格类型的划分都相继成为测量工作绩效的指标。

相关研究通过工作任务分解，了解不同个体在完成相同工作任务上所需时间的差别，从而分析工作需要的适应性特征。因此，从 20 世纪中期开始，职业能力和智力测评结果已不再是研究重心，而岗位适应度成为研究重点，人们越来越重视"人-职匹配"。胜任力一词作为管理领域的专业术语则始于 20 世纪 70 年代，其产生的主要原因是强调在知识经济时代，用智力作为评价一个人工作能力的唯一因素是不科学也不合理的，而胜任力所代表的一个人具备的态度、特质、认知等才是影响工作表现的关键性因素。

二、国外胜任力研究的发展

McClelland（1973）首先将胜任力应用于外交人员，建立了首个管理人员胜任力模型，提出了管理者应具备几项个人内在素质，包括成就动机、自我形象、概括性思维等个人特质，以及团体意识、群体领导力等组织特征。随后，相关的理论研究和实际应用风靡美国、英国。许多公司等都建立了自己的岗位胜任力体系。国际商业机器公司（International Business Machines，IBM）研究出台了鉴定中层管理人员成功与否的 7 项胜任力指标：书面表达能力、语言沟通能力、决策把控能力、计划组织能力、个人自信、风险抵抗能力和行政管理能力。McClelland（1973）提出用测量胜任力的方法取代传统的智力测量，强调从第一手材料入手，直接发掘那些能真正影响工作绩效的个人深层次特征，它可以是动机、特质、自我形象、态度或价值观、某领域知识或行为技能等任何可以被可靠测量或计数，并且能显著区分优秀与一般的个体特征。他把这种直接影响工作业绩的个人条件和行为特征称为胜任力。

自从胜任力的概念被提出后，胜任力的研究就成为全球的焦点，胜任力模型在企业中得到广泛的应用（表 1-1）。进入 21 世纪以来，《财富》500 强中已有超半数的公司应用胜任力模型。在一项基于 426 个公司的调查中，有 80%的公司在它们的人力资源管理实践中应用了胜任力模型。值得注意的是，目前企业中关于胜任力模型的研究和应用主要集中在管理人员层面。此外，胜任力模型的研究成果在公共教育和政府行政管理中也得到了重要的应用。胜任力模型不仅可以辨别和发展个体胜任力，还可以作为招聘、选拔、人员配置、评估等人力资源活动的基础。

表 1-1　国外企业胜任力研究

学者	研究
Alldredge 和 Nilan（2000）	在 3M 公司构建了包括基础领导胜任力、必不可少的领导胜任力和愿景领导胜任力在内的三个维度、12 个因素的行政级别全球胜任力模型
Hondeghem 和 Parys（2002）	总结出在招聘和培训发展中胜任力模型的使用最为普遍，然后才是绩效考评
Lindgren 等（2004）	通过对瑞典的 6 个企业长达 30 个月的研究，收集了大量的数据，最终开发出一个综合的胜任力模型，不仅概括了组织及个人层面胜任力与技术角色的交互关系，而且总结出了储藏胜任力、应用胜任力和再造胜任力三种类型
Olesen 等（2007）	在对微软公司未来商务战略和成功迎接未来挑战所需的组织属性分析和研究的基础上，运用行为事件访谈法，建立了包括基准性胜任力、鉴别性胜任力和未来导向胜任力三个维度的微软领导胜任力模型
Mueller 和 Turner（2010）	通过样本量为 400 份的领导力发展调查，探讨了成功项目管理者的智商、管理能力和情商三个方面的胜任力。研究结果表明，所有成功的项目经理所共有的胜任力特征包括智商和情商两大类，以及批判性思维、影响力、感召力和责任心四个维度

三、国内胜任力研究的发展

1. 国内胜任力发展阶段

相比国外而言，国内胜任力在管理开发领域的研究和应用起步均较晚。不少专家在充分学习和吸收国外成功胜任力模型及成果的基础上，结合我国基本国情和管理方式，进行了大量探索和实践，也取得了很多兼具理论和实践意义的成果。胜任力研究在我国大致经历了三个阶段（表 1-2）。

表 1-2　我国胜任力研究及发展阶段

阶段	学者	研究
第一阶段（2002 年以前）：基础性研究阶段，学者把胜任力理论引入我国学术领域	王鹏和时勘（1998）	基于培训需求评价的目的，首次在国内介绍胜任力
	汪如洋和时勘（1999）	介绍了胜任力的"冰山模型"及其构建程序，并利用模糊综合评判法和层次分析法建立了审核员胜任力的综合评估方法
	时勘等（2002）	主要运用 Spencer 提出的胜任力特征模型，采用胜任力特征评价技术进行实证探索，开展了通信行业管理干部胜任力研究。并且，运用行为事件访谈法对通信行业管理部门进行了有关胜任力模型的分析，建立了通信行业中高层管理者胜任力特征模型。研究得出该类人员的能力素质主要包括影响力、社会责任感、调研能力、成就欲、领导驾驭能力、人际洞察力、主动性、市场意识、自信、识人用人能力 10 个要素，以此选拔绩效优秀管理者
	王重鸣和陈民科（2002）	通过运用胜任力模型的职位分析法，从管理素质和管理技能两个维度分析了不同管理层所需的胜任力结构（主要是正职人员与副职人员）在两个维度上的差异
第二阶段（2003~2004 年）：扩展阶段，胜任力理论的研究在我国快速发展起来，并且开始将理论研究与实践相结合	仲理峰和时勘（2004）	构建了家族企业高层管理者胜任力特征模型
	姚翔等（2004）	针对某 IT 企业开发部门的 322 名项目经理和项目小组成员进行问卷调查及深度访谈，确定了 IT 企业项目管理者的胜任力要素及其内在结构，同时还探究了该模型对 IT 企业项目经理的选拔和培训的参考价值
	彭剑锋（2004）	认为胜任力是各种个性特征的集合，它可以驱动一个人产生优秀工作绩效，包括以不同方式显现出来的个人知识、技能、个性与驱动力，这些特征决定这个人是否能够胜任某项工作，也是与其他人区别绩效的关键特征
第三阶段（2005 年至今）：胜任力理论及研究的深化及快速发展阶段。理论研究方面，我国关于胜任力理论的研究已经趋于成熟，胜任力理论应用到更广泛的行业人力资源管理工作中，并且呈现出一些新的视角和新的方法；实证研究方面，学者开始综合应用多种建模方法为各个岗位构建胜任力模型，实现各方法的优势互补，从而使所建模型更具科学性	陈万思（2005）	提出了发展性胜任力的概念，并为中国企业不同层级的人力资源管理人员构建了相应的胜任力模型
	潘文安（2005）	构建了 IT 行业项目经理胜任力模型，面对加入 WTO 后的国内充满竞争的 IT 企业，探究其在此条件下采用何种标准来选拔和培养项目经理，并通过成功地运用行为时间访谈技术，探讨了 IT 企业项目经理的胜任力特征模型
	安鸿章（2008）	提出胜任力特征是根据岗位的工作要求确保该岗位人员能够顺利完成工作的个人特质结构，能够显著区分绩效一般与绩效优秀的个人特征的综合表现，它可以是动机、态度、自我形象或价值观、某领域知识、认知或行为技能
	党圣鸣和任嵘嵘（2009）	运用文献检索、关键行为事件访谈、问卷调查、多元统计分析等多种方法，对学生管理型教师胜任力模型进行了研究

阶段	学者	研究
第三阶段（2005 年至今）：胜任力理论及研究的深化及快速发展阶段。理论研究方面，我国关于胜任力理论的研究已经趋于成熟，胜任力理论应用到更广泛的行业人力资源管理工作中，并且呈现出一些新的视角和新的方法；实证研究方面，学者开始综合应用多种建模方法为各个岗位构建胜任力模型，实现各方法的优势互补，从而使所建模型更具科学性	贾建锋（2011）	以中国企业为研究对象，首先采用文献研究法、行为事件访谈法和专家小组讨论法获得了胜任力要素，然后采用探索性因子分析方法构建了与创业导向战略相匹配的高层管理者胜任力模型，最后利用验证性因素分析方法检验了模型结构的合理性
	刘凤英和李孝民（2012）	在总结、分析国内构建胜任力模型主要方法的同时，展望了胜任力模型建模方法的发展趋势
	刘向阳等（2013）	通过分析企业培训管理体系存在问题的原因，根据企业发展对各岗位的要求构建岗位胜任力模型，并与员工培训相结合，得出了胜任力模型不仅能确保培训的针对性，还能兼顾培训目标管理和过程管理，实现过程控制的结论。同时将胜任力模型与学分制相配套，加大培训的激励力度，促进了员工学习的有效性和积极性，重塑了石油公司的培训管理体系
	谢景山和李庆萍（2014）	以燕山石化领导岗位人员为研究对象，在对针对性文献调研的基础上，从培训理论发展、员工培训模式、培训原则与发展趋势等方面对前人开展的工作进行总结，结合燕山石化实际情况构建了具有燕山石化特色的领导干部培训模式
	宋丁伟等（2014）	通过文献分析、专家深度访谈和问卷调查的方法建立了包含 16 项因素的情报人员胜任力模型，并对调查数据进行了验证性因子分析
	武彤（2018）	采用全新的胜任力模型视角研究了企业招聘体系的构建，立足于大数据时代背景提出了三项创新思考，并通过构建胜任力模型设计了全新的人才招聘体系
	高玉勤（2020）	研究了小型国有企业员工培训存在的问题，提出了基于岗位胜任力的四个方面的改进措施和建议。研究表明，胜任力模型在人才招聘选拔、绩效考核和培训开发等人力资源管理工作中具有重要的应用价值

2. 胜任力与绩效管理关系的研究发展

在我国胜任力研究中，胜任力与绩效管理的关系是一大热点（表 1-3）。绩效管理是持续提升个人、部门、组织的绩效的系统方法，它作为整个企业人力资源管理系统的中枢，对推动与促进人力资源各业务功能板块的有效联动发挥着至关重要的作用，而胜任力分析为绩效管理提供了新的思路与技术基础。

表 1-3　胜任力与绩效管理的研究发展

学者	研究
金杨华等（2004）	研究管理胜任力特征与绩效的关系，得出问题解决能力对任务绩效有积极作用，而诚信责任更多影响关系绩效的结论
林忠和王慧（2008）	分析了财政干部胜任力应具备政策推演、综合思维、组织建构、制度建设、业务素养和领导授控等胜任力特征，并逐一分析了各胜任力特征对任务关系绩效的预测作用
杨雪莹（2009）	从胜任力概念出发，结合当前公务员测评系统存在的问题，提出了基于胜任力的公务员绩效测评系统的设计方案。将胜任力这一概念引入公务员测评系统的研究中，建议借鉴经验、发挥自身特点，建立完善的公务员绩效测评系统
周红云（2010）	以高新技术企业为案例，探讨基于绩效和胜任力的员工价值评估的作用、具体的评估流程及差异化的激励策略
刘晓英（2011）	运用胜任力和绩效管理的有关理论，对构建基于胜任力的企业高层管理者绩效评价体系进行了初步探讨，将胜任力特征导入业绩评价指标体系中，解决了传统业绩评价指标只关注财务指标的缺陷，对新经济形势下我国企业高管进行绩效的综合评价起到一定的指导作用
潘娜和易丽丽（2014）	发现目前研究存在对胜任力概念认知偏差、对胜任力研究过程缺少对象控制、对胜任力模型缺失校验等误区，重点剖析了我国公务员胜任力研究中高绩效者的选择、问卷设计、研究对象回应及研究成果应用等方面的困境，提出了加深理论概念理解、扩大理论界与实践界的合作以及精深研究实操方法等应对策略
黄晓林和张淑华（2019）	利用元分析方法分析了个体胜任力与工作绩效的关系，得出个体胜任力与工作绩效呈正相关性的结论，并探讨了洋葱模型的三层次结构胜任力分别对任务绩效的影响

3. 胜任力模型构建和应用的研究发展

在胜任力模型的构建方面，逐渐从单一的评价指标选取方法转向多种方法相结合的选取方法（表1-4）。

表 1-4　胜任力模型构建的研究发展

学者	研究
王重鸣和陈民科（2002）	针对高层管理人员进行了测评模型的构建，他们通过对高层管理人员进行访谈，进行了胜任力的职位分析，并由此得出高层管理人员的胜任力包括管理素质和管理技能这两个维度
朱国锋（2005）	通过职业分析问卷对船长的胜任力模型进行了探讨，并且得出了船长胜任力的 5 项因素
张荔函等（2013）	通过行为事件访谈法获得胜任力评价指标，并由此构建出动车组机械师的胜任力特征模型
于维英和张玮（2011）	通过访谈和调查问卷获得胜任力要素，并进行了探索性因子分析和验证性因子分析，构建出安全管理人员的胜任力特征模型

续表

学者	研究
王霞和孙石磊（2013）	结合文献分析和行为事件访谈法获取了民航维修单位质量控制员的胜任力指标
孙瑞山等（2014）	通过文献总结与工作流程分析建立了空中交通管制员的胜任力评价指标体系
朱稳根（2008）	使用工作分析法和行为事件访谈法得到民航纪检人员应具备的胜任力
苏芳等（2015）	针对南宁市12所乡镇卫生院的各类相关人员，采用文献研究法、问卷调查法、德尔菲专家咨询法、行为事件访谈法及核检表法等进行调查研究，构建了广西乡镇卫生院全科医生岗位胜任力模型，并对胜任力进行了基准性与鉴别性的区分，而且采用同时交叉效度法对胜任力模型的有效性进行了验证

在胜任力模型的应用方面，开始从理论研究逐渐转向与人力资源相结合的应用研究，体现在人员的招聘、选拔和培训等方面，以及绩效和薪酬管理等具体环节。

例如，吴志明（2006）提出了一个新的、基于胜任力特征模型的人力资源管理体系；周斌（2006）指出传统的人员选拔与招聘的不足，对基于胜任力特征模型的员工招聘系统提出了改进思路；陈祎和吴志明（2006）以胜任力特征模型为基础，建立了基于胜任力特征的职业阶梯和薪酬方案等员工激励政策；许祥秦和闫俊宏（2007）分别从模型自身以及企业角度出发，阐述了基于胜任力特征模型的人力资源管理体系的优势，并对其开发和实施进行了分析。

作为心理与行为测量领域的一个热点，胜任力模型的研究与开发在国内外学术界取得了很多成果。国外的学者已经形成了一套科学系统的研究体系来建立完整的管理者胜任力模型。但是他们的研究大多是以西方文化和管理模式为基础的，得到的结果是西方管理情境下的胜任力特征。这些研究成果并不能照搬于中国，我国学者对此已有清醒的认识，他们的研究虽然尚在发展阶段，但是这些基于我国具体国情的研究成果，对指导我国企事业单位的人力资源管理实践（如提拔与任免、绩效评估与反馈、培训与发展等工作）具有重要的现实意义。另外，从中国国情出发探讨出的胜任力模型的研究方法和研究结论也进一步丰富了世界胜任力研究的现有理论和知识体系。从最初胜任力概念的提出，到后来胜任力概念的发展和延伸，再到如今胜任力模型的研究，从理论分析逐步深入到实证层面，部分学者通过研究胜任力的评价指标来构建相关胜任力评价模型，以期对研究对象进行合理的评价，帮助有关单位筛选和培训出胜任工作岗位的员工。鉴于胜任力模型理论与应用日渐成熟，并彰显出较强的实证解释力，可以在轨道交通关键作业岗位人员的选拔、考核和培训中进行推广和实践，这对充实胜任力理论模型和现场应用实例均具有重要意义。

第二节　胜任力的基本概念

一、胜任力定义

胜任力也称胜任素质，最早由 McClelland 于 1973 年提出，用来区分工作中的卓越者与普通者的个人深层次特征，可划分为 5 个层次：知识、技能、自我概念、特质和动机（McClelland，1973）。上述 5 个层次通常用一座漂浮在水面上的冰山来描述：知识和技能漂浮在水面之上，是表层的、显而易见的胜任力特征，易于通过培训实现其发展；自我概念、特质和动机则深藏在水面之下，是决定人们行为表现的深层次关键因素，但难以进行培训和发展。此后基于对世界范围内 200 多种工作及其所包含胜任素质的细致观察，McClelland 逐渐发展形成《胜任素质词典》（Competency Dictionary），提炼了 21 项胜任素质，分别整合为成就与行动族、帮助与服务族、冲击与影响族、管理族、认知族、个人效能族 6 个素质族，能解释每个工作领域内 80%～98%的行为和结果。

20 世纪 60 年代后期，美国国务院感到以智力因素为基础选拔外交官的效果并不理想。许多表面上很优秀的人才，在实际工作中的表现却令人失望。在这种情况下，哈佛大学的心理学家 McClelland 应邀帮助美国国务院设计一种能够有效地预测实际工作业绩的人员选拔方法。在项目过程中，McClelland 的研究成果为胜任力理论和技术的发展奠定了基础。1973 年，McClelland 发表了一篇名为 "Testing for competency rather than intelligence"（测量胜任力而非智力）的文章，正式提出了 "胜任力" 的概念，自此揭开了 "胜任力运动"（competency movement）的序幕。他指出："学校成绩不能预测职业成功""智力和能力倾向测验不能预测职业成功或生活中的其他重要成就""测验对少数民族不公平"等，并主张用胜任力测试代替智力和能力倾向测试，同时提出进行基于胜任力的有效测验的六个原则。

（1）最好的测验是效标取样。

（2）测验应能反映个体学习后的变化。

（3）应该公开并使被测者知道测试的特征。

（4）测验应该评价与实际生活中的绩效相关的胜任力。

（5）测验应该包括应答性行为和操作性行为两方面。

（6）应测试操作性思维模式，并最大限度地概括各种行为。

用 "胜任力考核" 替代之前的学历和智力测试等传统能力测试，应该发掘那些真正能够影响工作业绩的个人特质和行为特征，而不是滥用智力测验来解决招聘中的人才选拔问题。人们的知识、技能、自我概念、特质和动机等因素都与他们从事的工作乃至工作绩效直接相联系，而且这些特征都可以被测量出来。McClelland 认为，高绩效者运用了某些特定的知识、技能和行为以取得出色成绩。如果去研究高绩效者的行为，那么人们就会发现是什么造成了这种差异。该文章的发表，掀起了对胜任力研究的热潮。McClelland 的研究虽然主要关注胜任力在教育领域的应用，但是也引起商业和工业领域的极大兴趣，大批学者及专家均支持他提出的胜任力概念（表 1-5）。

表 1-5　支持 McClelland 胜任力概念的论述汇总

出版物	作者	论述
报纸《老实人报》	Drexler	智力测试无法评估管理、艺术、科学、音乐、写作、演讲、喜剧等领域的成就，同时智力测试可能会因文化背景差异而产生歧视
杂志《大西洋月刊》	Fallows	建议用胜任力评估代替智力测试
杂志《今日心理学》	Goleman	智力测试的结果和未来职业生涯的成功与否无必然联系
杂志《今日心理学》	Koenig	胜任力评估比智力测试更具有价值
书籍《天才儿童》	Machlowitz	聪明的人未来职业发展未必更好

之后，胜任力的概念在众多学科中被广泛运用，然而胜任力概念的含义在不同学科研究中略有不同。职业咨询中的胜任力是指与特定职位相关的知识、技能和能力；心理学中的胜任力是指心理能力和意识、关心他人的能力或者从事多种日常活动的能力；教育学中胜任力被用于拓展传统的"知识"的范围。关于胜任力的定义，至今尚未完全统一，不同的学者从不同的角度和侧重点对胜任力的内涵进行了划分，主要可分为特征观、行为观和综合观。

特征观认为胜任力是个体的潜在特征，只要能将绩效优秀者和绩效一般者区分开来的任何个体特征都可以界定为胜任力（McClelland，1973）。

行为观认为应该用外显的行为来评价胜任力，而这些行为是特定情境下对知识、技能、动机的具体运用，并与优秀绩效有因果关系（Ledford，1995）。

综合观认为任何一种界定都是不完全的，需要把两方面的定义结合起来共同考虑。胜任力不能简单地归结为单一维度定义，而应是几个方面的综合体，对胜任力内涵的界定应该是两种观点的结合。现将以上胜任力定义进行归纳，详见表 1-6。

表 1-6　不同学者对胜任力的定义

类型	代表人物	定义
特征观	McClelland（1973）	胜任力是员工个人的知识、技能、态度、价值观、特质、动机、自我形象等，是可以区分优秀员工和一般员工潜在的、深层次的特征
	Guglielmino 和 Carroll（1979）	胜任力包含三方面：概念胜任力，包括决策、思考、创新、分析能力；人际胜任力，包括领导、沟通、谈判、分析、态度等；技能胜任力，包括计划个人使用、自我时间管理能力
	McLagan（1980）	胜任力是一组已完成工作结果的一串知识、技能与能力
	Klemp（1980）	胜任力是能产生高绩效的潜在个人特征
	Boyatzis（1982）	胜任力是指个人所具有的内在的、稳定的特征，它可以是动机、特质、技能、自我印象、社会角色或此人能够运用的某项具体知识
	Spencer 等（1993）	胜任力是优秀员工具备的潜在特性，包含动机、个人特质、自我意识、知识和技能。通常情况下，知识和技能胜任力是显性的、可观测的，而自我意识、个人特质和动机相关的胜任力是深层次、隐形的，更多地和个人的性格相关，表面很难被观察到，知识和技能可以通过工作经历、生活经验、学习以及培训来培养和获得
	Derouen 和 Kleiner（1994）	胜任力包括技能、人际和概念三类
	Raelin（1996）	胜任力要素包括管理工作、管理人、技术领导、创新/变革、客户关系、道德规范、沟通、团队导向、系统整合、财务管理能力、额外努力、危机处理、实践导向、质量承诺
	Blancero 等（1996）	胜任力包括知识、技能、能力及其他借以达成未来行为目标的因素，分为八大类：管理胜任力、商业胜任力、技能胜任力、人际胜任力、认知/想象胜任力、影响风格胜任力、组织胜任力、个人胜任力
	Mirabile（1997）	胜任力是与一个职位的高绩效相联系的知识、技能、能力和特征的总和
	Parry（1996）	胜任力是与工作绩效密切相关的知识、技能和态度的总称，可由统一的标准加以衡量，也可以通过培训加以改善
	McConnell（2001）	胜任力是指个体履行工作职责和取得绩效的能力
行为观	Cockerill 等（1995）	胜任力是相对稳定的行为，这些行为所连续创立的程序可以使组织能够了解、适应新的环境要求，并能对环境加以改变以更好地适应不同利益的需要
	Richard 和 Mansfield（1996）	胜任力是精确技能与特征行为的描述，员工必须依此进修才能胜任工作并提升绩效表现
	Green（1999）	胜任力是指对为达到工作目标所使用的可测量的工作习惯和个人技能的书面描述

续表

类型	代表人物	定义
行为观	仲理峰和时勘（2004）	胜任力是能把某职位中表现优异者和表现一般者区别开来的个体潜在的、较为持久的行为特征。这些特征可以是认知的、意志的、态度的、情感的、动力的或倾向性的
	Ledford（1995）	胜任力包含三个概念：①个人特质，即个人独具的特征，如知识、行为与技能；②可验证的，即个人所表现出来的、可确认的部分；③产生绩效的可能性，即除现在的绩效表现外，还注重未来的绩效。整合三个概念，胜任力是个人可验证的特质，包括可能产生绩效所具备的知识、技能和行为
综合观	Peterson 等（1995）	胜任力是知识、技能、能力、动机、信仰、价值观和兴趣的混合体
	土重鸣和陈民科（2002）	胜任力是指工作情景中员工的价值观、动机、个性或态度、技能、能力和知识等关键特征
	Draganidis 和 Mentzas（2006）	胜任力是指技巧、确切的知识、行为和技能的结合，它能赋予人们有效履行任务的潜能

二、胜任力概念界定

学者关于胜任力定义的意见并不统一，最初有学者提出胜任力特征是个体所具备的知识、技能或能力，还有学者认为胜任力是优秀个体所具备的知识、技能和个性，也有学者认为胜任力包括知识、技能和态度，然而大多数学者认为胜任力不仅是某领域知识、认知或行为技能这些表层特征，还可以是动机、特质、自我形象、态度或价值观这些深层次特征。

（1）胜任力是与工作本身、工作绩效或生活中其他重要成果直接相联系的知识、技能、能力、特质或者动机；它可以区分优秀者和普通者，并且可以获得验证，是不容易伪造和模仿的一种属性。

（2）胜任力是能够使一个人以富有成效的方式完成工作的特质群，并且这个特质群能够依据一个可接受的绩效标准进行测评，由知识、技能、能力、特质、态度、动机和行为等多方面要素构成。

（3）胜任力是知识、技能、动机、信念、价值观以及兴趣的有效组合体，同时是与工作岗位高度关联的知识、技能的特征。

（4）影响一个人工作的最重要的因素（如知识、态度、技能等）都有一定的衡量标准，并且与绩效有着密切的关系。

（5）胜任力特征中最深层、根深蒂固的、难以改变的个人特征可以区分优秀者和普通者。

根据许多学者对胜任力的定义，我们对其进行进一步的提炼。

（1）胜任力是个体特性的组合。这种组合不仅包括知识、技能等外显部分，还包括不易察觉的价值观、个性特质、动机等。

（2）胜任力与绩效密切相关。胜任力的高低最终体现在员工工作绩效水平的差异上，只有那些能够对绩效产生预测作用的个体特征才属于胜任力。

（3）胜任力是可衡量、可分级的。即使是水面以下部分的个体特征，也可以利用多种方法对其进行衡量和评估。

三、胜任力构成要素

胜任素质在个体特质中扮演深层且持久的角色，而且能预测一个人在复杂的工作情境及担任重任时的行为表现（Spencer et al.，1993）。素质模型的构成要素包括知识、技能、社会角色、自我形象、品质、动机六个方面。通过对胜任力模型的观察和分析，可以推测知识和技能只是显露在外面的冰山一角，对个体发展的作用有限，冰山水面下的社会角色、自我形象、品质、动机等要素对个体未来的发展、预测个体未来绩效具有显著的作用。胜任素质是代表一个人能做什么（技能、知识）、想做什么（角色定位、自我形象）和为什么做（价值观、品质、动机）等内在特质的组合。

目前最为认可的胜任力含义是 McClelland 和 Spencer 于 1994 年提出的。他们认为胜任力是指动机、特质、自我概念、态度或价值观、知识或技能等能够可靠测量，并能把高绩效人员与一般绩效人员区分出来的任何个体特征。虽然有关概念并不统一，但存在一定的共识，也就是强调情境中工作者的价值观、动机、个性或态度、技能、知识等特征；与工作绩效有密切联系；能够区分绩效优秀者与绩效一般者。主要包含以下几个方面：

（1）动机。推动个人为达到一定目标而采取行动的内驱力（如喜欢追求名誉）。

（2）知识。某一职业领域需要的专门知识（如教师需要专门的学科知识、教学知识）。

（3）技能。掌握和运用专门技术的能力（如多媒体设备应用能力、英语听说读写技能）。

（4）个人特质。对于外部环境以及各种信息的反应方式、倾向与特性（如喜欢热闹）。

（5）社会角色。个体对于社会规范的认知与理解（如认识到自己是团队或集体的领导）。

（6）自我概念与价值观。个人对于自身的看法和评价（如认为自己是某一领域的权威）。

由此可见，胜任力的概念强调两个关键点：一是结果，即凭借胜任力能够产生优秀的工作绩效，因此胜任力是可测的；二是驱动因素，即胜任力是可以通过行为表现的各种特征的集合，包括表象的与潜在的。

四、胜任力特点

尽管国内外学者对胜任力概念的定义存在争论，但关于胜任力特点已有共识，包括以下几个方面。

（1）由多个维度构成。胜任力是一个由许多个体特征组成的组合体，既包括容易区分的部分，还必须包括隐性的、不容易区分的部分。

（2）基于行动。由于胜任力的定义中往往包含其与绩效的关系，因此也可以说胜任力是根据被观察到的行为来界定的。

（3）与绩效紧密相关。胜任力可被视为一个绩效范围，即其中一端是达到可接受的最低绩效要求，另一端是达到出色的绩效要求。胜任力必须与绩效有较强的相关性，只有那些能明确区分绩效优秀者与绩效较差者的特征才能属于胜任力特征。胜任力与工作绩效紧密相关，是导致个体工作绩效差异的深层次原因，并在很大程度上可以预测未来绩效。企业可以借助适当的工具对胜任力进行测量，以此为依据推断员工未来的工作表现。

（4）可开发性。胜任力有习得性和迁移性，将随着年龄、阶段、职业生涯、层级环境等的变化而改变。不同职业、岗位和任务环境所需的胜任力不同，胜任力改变的内容也随之不同，这一特点与"人岗匹配原理"充分契合。

（5）岗位匹配性。胜任力与职业类别、工作岗位及任务情景相联系，要求与任务、岗位相互匹配。它与员工工作岗位的要求息息相关，很大程度上会受到工作环境、条件和岗位特征的影响。因此，不同岗位的胜任力要求不同，同行业不同企业在相同工作岗位上的胜任力要求也各有不同。

（6）情境依赖性。不同的工作情境所需胜任力不同。胜任力是个人能力与工作情景的有效匹配，不是任何技能、知识、个性等都称为胜任力，只有被工作所需的个人能力才能称为胜任力。

（7）可观察、可测量性。个体的行为本身不是胜任力，但个体的胜任力水平可以通过行为表现反映出来，是特定工作情境下对知识、技能、态度、动机等的综合运用。胜任力特征必须是可以衡量的，即可通过某些科学的方法进行测量和区分。即使那些隐藏的不容易被发现的个性特质，也必须通过科学合理的方法进行区分和差异化处理。

（8）综合性。胜任力是知识、技能、态度、动机等内隐和外显特征的综合，并且可以通过行为表现出来。这些行为表现是可观察、能测量的，是特定情境下对各种特征的具体应用。

（9）区分性。胜任力可将绩效优秀者与绩效一般者区别开来，绩效优秀员工和绩效一般员工会在胜任力表现上有很大差异，因此可以将胜任力作为员工考核、培训、晋升等工作的依据。

五、胜任力分类

胜任力构成及分类的研究在理论和实践中存在不同的观点，纵观以往的研究成果，主要是从以下角度进行划分的（表1-7），这里对其中几项胜任力及其关系做详细阐述。

表 1-7　胜任力的类型

分类标准	类型	含义
按胜任力的归属者划分	个体胜任力	从个体的角度来看待工作和社会适应性的问题
	组织胜任力	将组织视为一个有机体来看待组织与社会的适应性问题,从而帮助组织确定其竞争优势
按个体的工作情景划分	工作胜任力	影响个体工作绩效的水平,可以作为预测个体工作绩效的手段
	岗位胜任力	具有某种资格或胜任某一岗位的条件,即拥有足够的技能、知识来履行特定任务或从事某一活动
	职务胜任力	基于行业的职务技能
按胜任力的可变情况划分	硬性胜任力	人们完成预期达到的工作标准
	软性胜任力	个人的行为和属性
按工作中的表现特征划分	管理胜任力	组织领导能力
	人际胜任力	有效交流、积极建立人际关系的能力
	技术胜任力	与某一特殊专业相关的胜任力
按任务、组织和行业具体性三个维度的不同组合划分	元胜任力	个体的人际技能和管理技能
	行业通用胜任力	个体具备的基于行为的相关知识与技能
	组织内胜任力	针对组织行为的相关知识,如组织文化、沟通渠道等
	标准技术胜任力	在不同行业中的规范化的通用职业能力
	行业技术胜任力	在行业内部使用的专业技术能力
按构成要素划分	基础性胜任力	容易通过培训或教育来发展的知识和技能
	鉴别性胜任力	短时间不易改变或者得到发展的一些内在特质

1) 个体胜任力

个体胜任力（individual competency）是产生有效绩效的个体特征。纵观胜任力研究的发展脉络，可以发现对胜任力的内涵即胜任力特征的研究贯穿始终。国外学者对个体胜任力的特征及要素进行了不懈的探索，并做出了全面系统的论述。

Boyatzis（1982）通过构建胜任力模型，评价了 12 个组织中 41 个不同管理岗位上 2000 个个体的 21 个特征。他认为胜任力需要以下 6 方面的特质：是否有明确的目标导向；是否具有较强的个人素质和领导力；是否具有管理群体、统筹人力资源管理的能力；是否具有指导下级、培养他人的技能；是否具有客观知觉、自我控制、持久性、适应性；是否具备管理者及其特殊社会角色所应有的特殊知识。Spencer 等（1993）对胜任力进行了全面系统的论述，提出了如何基于群体中个体特征构建胜任力模型的方法。他们认为胜任力是个体的内在特征，这些内在特征与工作绩效之间存在一定程度的因果关系。

个体胜任力是可以区分在特定工作岗位、组织环境、文化氛围中的与个体工作结果相关的、可以衡量的个人特征。这种根本特质是相当深刻且持久的个体人格的重要组成部分，它能有效预测个人在工作情境中的行为表现。个体胜任力结构模型如图 1-1 所示。

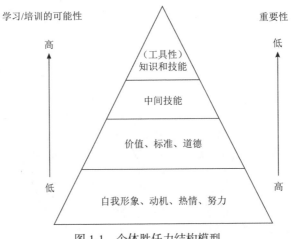

图 1-1　个体胜任力结构模型

个体胜任力结构模型的第一层，就执行任务或胜任某一职位来说，是可观察到（工具性）的知识和技能，可经职业性培训得到提高，并以文凭或证书的方式来标记。第二层所指的技能可应用在各种情境中，它们同样被当成广泛运用的职业技能或初始资质，包括社交或沟通技能、一般的技术或行业知识、组织品质和工作的基本方法，但与灵活性等有关的部分是难以学会的，它们需要单独管理和反馈。这两层技能被看成专业和职业的胜任力。第三层包括价值、标准、道德等，这些因素通过专门的心智、世界观、文化价值和其他特殊观点表现出来。个体胜任力结构模型的上三层主要是个体的职业资质。第四层包括深层次的个体特点，如自我形象、动机、热情、努力，这些因素在很大程度上决定了个体在职业情境中的行为表现，它们不可见，也不容易识别、发展或进行培训（Spencer et al.，1993）。

Nordhaug（1998）认为个体胜任力的划分应从三个维度进行，这三个维度分别是任务具体性、行业具体性和公司具体性。他将三个维度结合起来形成一个分类网络架构，如表 1-8 所示，这六个单元代表了不同类型的胜任力，包括元胜任力、行业通用胜任力、组织内胜任力、标准技术胜任力、行业技术胜任力和特殊技术胜任力。

表 1-8　Nordhaug 的胜任力分类表

任务具体性	公司具体性		
	低		高
	行业具体性		
	低	高	
低	I	II	III
	元胜任力	行业通用胜任力	组织内胜任力
高	IV	V	VI
	标准技术胜任力	行业技术胜任力	特殊技术胜任力

任务具体性是指胜任力与完成一个具体工作任务时的相关程序。此定义指出胜任力并不与任何一个具体任务有特殊的关系，而是同时与更大范围内不同的任务密切相关，如分析能力、与他人协作的能力、问题解决能力、沟通技能、委派工作的能力等。当任务的具体性越高时，胜任力就与某个单一工作任务或非常少的工作任务密切相关，并且它与其他任务的完成毫不相干，如打字只能应用到像操作键盘这样的任务中。如果一种能力仅仅只能用在一个公司中，那么这就是行业具体性或公司具体性。从字义上来看，它对其他雇主而言没有潜在的价值。

总体来看，国外学者对个人胜任力的关注点聚焦于个体与岗位相关的胜任力、个人与绩效相关的胜任力、个人在组织表现优秀的特征集合等的相关研究，进而由对个体胜任力的描述及相关内涵的界定逐步扩展为对个体胜任力影响因素和测评依据等的研究。国内学者对胜任力的关注则集中在对中层管理人员胜任力特征的研究。

2）管理胜任力

国内对胜任力的学术研究始于 20 世纪 90 年代末，侧重于应用模型分析，即将胜任力理论和模型应用于不同领域、不同层次的管理人员。阎巩固（1997）从工作胜任力的角度考察并解释了管理人员的基本特征。时勘等（2002）以通信行业管理干部为被试对象，尝试对胜任力特征评价技术进行了实证研究，总结出了高层管理者的 11 种胜任力特征。仲理峰（2002）侧重于家族式企业高层管理者胜任力特征模型及其影响因素，提出了我国家族式企业高层管理者胜任力特征模型所包括的 11 种特征。王重鸣和陈民科（2002）聚焦国内中、高层管理人员的胜任力，研究并开发了企业高级管理人员综合素质选拔评价系统，用于选拔综合胜任力优秀的经营管理人员。时雨等（2002）还研究了基于胜任力特征模型的反馈评价。

3）组织胜任力

也有研究将胜任力研究从个体绩效领域，即个体胜任力扩展到组织绩效领域，即组织胜任力（organizational core competency）（Prahalad and Hamel，1990；Rothwell and Lindholm，1999）。组织胜任力是指如何协调组织内不同个体的知识、技能、技术优势，形成组织的核心竞争力，产生“1 + 1 > 2”的效果。

龚瑞维等（2007）研究了人力资源管理系统对组织胜任力的影响，即人力资源管理系统对组织胜任力的影响是正向的，且效果优于个别人力资源管理活动。蒋春燕和赵曙明（2004）通过我国香港企业的实证研究分析了企业特征、人力资源管理实践和组织胜任力之间的关系：一是企业规模是香港企业人力资源管理实践的一个重要因素，二是人力资源管理实践与组织核心胜任力并没有显著的正相关关系。谌珊（2015）通过因子分析、问卷调查等方法构建了胜任力模型，对贵州国有企业中层管理者的招聘、选拔和培训具有重要的参考价值。同时，根据行业差异、岗位差异，因人施策，对于不同的个体可以采取不同的培训方式，能够一定程度上提升组织的核心竞争力。

4）个体胜任力与组织胜任力的关系

员工的胜任力因素（技术、专长、知识、动机、努力及合作方式）是基于其个体胜任力，并在实践中与组织目标、结构和文化有机融合形成的。组织胜任力背后所表达的管理理念诠释了员工的知识、专长及他们共同的知识。员工的个体胜任力是影响组织胜任力发展的基本因素。组织国际化的发展表明，没有员工的知识和技能，公司将不得不依赖供应商和外部技术，从而失去控制公司关键资源的能力。

为了从组织胜任力发展中获得最大的收益，不仅有必要重新认识员工的知识和技能，还应该注意他们的动机和知识，关注社会价值、标准、个人关于自己和社会生活方式的看法等。组织胜任力是所有个体胜任力的整合和表征（图1-2）。

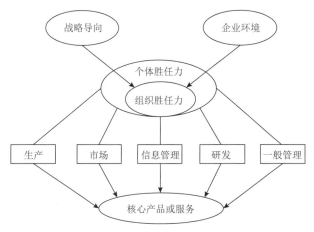

图 1-2 个体胜任力和组织胜任力的关系

对组织来说，重视个体胜任力的发展意味着对个体努力、灵活性和动机的高度关注，但这一理念和传统层级组织原则是相违背的。传统工作描述中胜任力占的份量较少，组织很少给员工提供提升个人胜任力的机会，这就导致组织没有从员工胜任力中充分获益。组织设计是基于员工胜任力的，这种组织不仅要用新的方式设计和组织工作、划分职责，人力资源管理工作也赋予了新的意义，工作的起点是员工而不再是工作本身，重点不再是工作描述、职责，而是对员工胜任力的描述、激励和发展。焦点将转移到个体特性和以出众的方式履行职责的基准性胜任力的开发上，将属于不同工作团队中的组织成员的职责重新安排（合并），以及对不同胜任力的员工进行重组，这种整合将决定和影响组织并使之获得与竞争优势有关的胜任力。

在基于胜任力的组织中，不仅需要识别和发展员工的胜任力，还要把员工胜任力、组织胜任力作为招聘、挑选、评估、薪酬管理的起点。这一整套方法能够对那些有创新性的，想学习新技能、承担多职责、持续获得专长的员工产生吸引力，但它的关键在于寻找到员工能力和组织目标、战略、胜任力之间的联系。当员工的胜任力植根于组织战略的创新时，他们的胜任力的获得与保持才是最有效的。组织胜任力和个体胜任力的发展与高层管理、一线管理之间的关系是至关重要的。高层管理者通过战略管理为组织识别胜任力提供指导，一线管理者通过对胜任力的关注对员工提供挑战并帮助其发展才能。另外，组织管理还要充分利用员工可获得的胜任力的全部潜能。这种类型的管理为各种形式的授权提供了机会。当员工关注自己的职业生涯时，他们就会发展自己的胜任力，个体胜任力和组织胜任力都将在员工职业生涯发展中得到延伸，具体关系如图1-3所示。

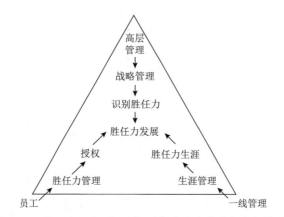

图 1-3　员工职业生涯、组织胜任力和个体胜任力的关系

第二章 胜任力的理论模型

第一节 胜任力的基本模型

一、胜任力模型的定义

在一个组织中，不同岗位要求员工具备的胜任力内容和水平是不同的，即使是同一岗位，在不同组织和不同行业中，对各员工的胜任力要求也可能不同。我们把驱动个体在某种情境中产生优秀工作绩效的各种个体胜任力特征的集合称为胜任力模型（competency model）。

胜任力模型是针对特定的岗位、职位表现出来的优异胜任力特征而组合起来的结构要素，它是指担任某一职位角色所需要具备的知识、技能、内在动机、自我形象与社会角色特征等一系列胜任力特征的总和，其结构也分为三个层次，分别是类别、定义和典型行为表现。即

$$M_{c} - \{C_i, i = 1, 2, \cdots, n\} \tag{2-1}$$

式中，M_c 为胜任力模型；C_i 为第 i 个胜任力特征；n 为胜任力特征的数目。

一些学者从不同的角度和侧重点对胜任力模型的定义进行了划分（表 2-1）。

表 2-1　不同学者对胜任力模型的定义

学者	定义
William 等（1999）	胜任力模型通常是对某个可确认群体（如某一工种、某一部门或职业的人群）的工作能力的叙述性描述。它描述了能够区分一流员工（exemplary/best-in-class performers）和完全成功员工（fully-successful performers）的关键特征。其中，前者是指一流的或最具生产力的员工，后者是指有经验但并非一流的员工。
	胜任力模型能够描述理想员工应该具有的特质，通常描述的是"我们应该成为"的那种状态。胜任力模型是对员工核心能力进行不同层次的定义以及相应层次的行为描述，确定关键能力和完成特定工作所需求的熟练程度。而胜任力建模是指通过创建对胜任力的描述来写出胜任力识别结果的过程
McLagan（1996）	胜任力模型可以通过三种独特的方式使用：识别高绩效者的潜在特征；建立一个工作所需的全面的胜任力列表并创建支持和发展它们的工作文化；识别组织内的工作和任务
Richard 和 Mansfield（1996）	胜任力模型是基于岗位的、细化的、具体的技能和特性描述

此外，胜任力与企业发展目标和战略的关联性虽然有别于传统的基于岗位的胜任力研究框架，但也是一种新的研究模式。在这种研究模式下，首先需要明确企业的发展目标，而胜任力有时是企业发展目标的直接阐释，有时是企业发展目标实现过程中的一个环节（图2-1）。

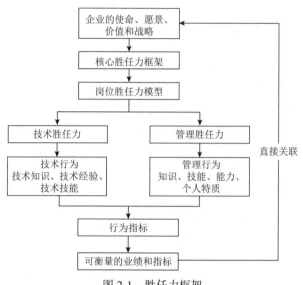

图 2-1　胜任力框架

总结学者的研究发现，胜任力模型包含以下几个方面的特点。

（1）胜任力模型是在对绩效优秀者和绩效一般者相区别的基础上，经过调查研究和统计分析建立起来的，是一组结构化了的胜任力特征指标体系，可用数学表达式或方程表现出来，用回归方法、T 检验方法等方法进行数量分析，各个因子是与绩效高度相关的胜任力特征要素的有机集合。

（2）胜任力模型对于同一职位的不同职责具有差异性，对于同一职位的不同组织也具有差异性，每一个组织环境都有自己特定的胜任力要求，进而必定需要适用于自身的胜任力模型，不同工作职位要求的胜任力特征是各异的。例如，针对财务总监这一岗位，民营企业和外资企业的胜任力诉求存在差异，即使同为民营企业，拟上市公司和初创型公司在胜任力上也不会有同样的表现。再如，即使在同一家公司，同为财务主管岗位，但是分管管理出纳和会计的岗位，在胜任力上也会有一定差异。因此，胜任力模型必须具备差异性的特征，才能更好地因地制宜，在实际的管理工作中解决人才问题。

（3）胜任力模型需要根据企业发展或岗位实际要求的变化不断调整和改变，胜任力必须与应用场景高度联系。当某一组织或企业在某一时间发生节点性事件后，如该岗位的胜任力影响因素发生变化，必须为该岗位提升在岗人员的胜任力，要么通过培训和学习来解决该问题，要么采取重新招聘的手段。因此，作为某一岗位任职的员工，为了让自己能够长期保持胜任力，一定要结合企业的发展，不断学习和成长，让自己的胜任力保持动态性。在职场，只有绝对的动态成长才能获取相对稳定的胜任力。

（4）胜任力模型的构建是采取自上而下、不同管理角度收集信息并实现的，但所有的构成因素都具备综合性的特点，如"冰山模型"下的个性、动机、自我认知、社会角色、知识和技能，如果不具备综合性，那么对于胜任力模型的研究就不具备实际应用的价值。同时，胜任力模型本身就是一个综合维度的考量标准，不能单一说某一影响因素高或者低就一定会有什么样的问题，需要在综合层面考虑后，因人而异、因时而异。

（5）胜任力模型可以用于公司招聘、员工培训，以及职工个人职业通道发展。胜任力模型的提出引发企业在员工管理中对岗位需求和员工技能的关注，企业管理者在岗位分析和胜任力模型中往往更加关注后者，因为胜任力模型可以很好地将岗位分析融入员工管理中。

传统的岗位分析常常采用归纳法，首先分析岗位任务，最后分析岗位所需技能等；胜任力模型采用演绎法，首先明确岗位业绩目标，然后分析岗位任务和所需技能等。二者主要有以下区别。

（1）高层更加关注胜任力模型。

（2）胜任力模型通常可以将优秀员工和普通员工加以区分。

（3）胜任力模型可以反映员工职务升迁时胜任力的变化。

（4）胜任力模型可以与企业发展目标和战略直接关联。

（5）胜任力模型可能直接或间接考虑到岗位的未来需求。

（6）胜任力模型在构建时一般自上而下（从高层企业发展目标和战略出发）。

（7）胜任力模型应用时一般较为便利（如使用机构内部语言、图片或图表形式等）。

（8）岗位序列中不同岗位的胜任力个数一般是有限的。

（9）胜任力模型用于整合人力资源管理体系，企业人员招聘、培训、晋升等过程都可以应用一套胜任力模型体系。

（10）胜任力模型构建时不仅仅是简单数据的收集，而是从企业发展角度寻求企业发展变革的目标。

以"胜任力模型"为篇名在中国知网上进行检索，截至2020年12月，共2795篇文献，其中CSSCI期刊论文和核心期刊论文共491篇，硕博士论文1013篇。从2002年开始，胜任力模型这一主题被越来越多的学者所关注，其中占比较大的主题是"胜任力""胜任力模型""企业管理""模型建构""胜任力特征""人力资源管理""岗位胜任力特征""教师胜任力特征"等。纵向来看，此领域对胜任力特征、胜任力模型研究、胜任力模型构建研究、胜任力模型应用研究比较多。横向来看，胜任力模型已成为人力资源、企业管理、教育（教师培养）等领域关注的热点问题，原因可能是构建出一个职业或者岗位的胜任力模型，就能对从事此工作或事业的专业人员展开培养与考核，具有较大的应用价值。

关于胜任力模型最有名的是"冰山模型"和"洋葱模型"。依据经典胜任力模型，也有许多国内外研究者构建了其他与职业相关的胜任力模型，如对企业管理（仲理峰和时勘，2004）、营销（张伟伟，2017）、护理（刘莎和许英，2018）、教师（罗秋雪和高超民，2019）等岗位构建胜任力模型。

二、胜任力模型的构成与表现形式

胜任力模型的构成与表现形式往往会受到建模预算、建模目的、建模人员习惯的影响。总体来说，胜任力模型需包含两个最基本的元素：胜任力名称与行为指标。

有些胜任力模型相对简单，只包含胜任力名称与行为指标两部分内容，这种模型虽耗费较低，但由于内容不够全面，在应用时可能会遇到较多问题；有些胜任力模型所包含的信息相对更加丰富，包含胜任力、胜任力定义、胜任力要素及其定义、分等级的行为指标、典型案例与点评等内容，以便指导相关职位建立基于胜任力的任职资格体系与培训体系，这种方式虽然成本较高，但有助于模型的理解与应用。

胜任力指标构建时，根据定义的复杂程度可以分为通用胜任力和特定胜任力。通用胜任力一般可以在不同企业中通用，但因为定义时较为泛化，可能和企业具体的岗位关联度不大；特定胜任力是指适用于特定的企业，可以根据企业需求量身定制的。具体可以参见表 2-2 给出的胜任力模型构建框架（Lindsay and Stuart，1997）。

表 2-2　胜任力模型构建框架

名称	类别	定义	
		简单	复杂
胜任力	通用	象限一	象限二
		高层级	高层级
		用户友好	结构复杂、应用难度较大
		可能和具体应用时关联度不大	和岗位关联度大
		允许不同岗位间对比	允许不同岗位间对比
		评估准确度较低	评估更加准确
		现成可用的	客户定制化设计

续表

名称	类别	定义	
		简单	复杂
		象限三	**象限四**
胜任力	特定	和具体岗位相关	和具体岗位相关
		用户友好	多层次、结构复杂、使用难度较大
		不同企业/岗位间不能对比	不同企业/岗位间不能对比
		评估准确	评估准确
		客户定制化设计	客户定制化设计

三、胜任力模型的类型

依据不同的胜任力类型和应用情景需求，对应的胜任力模型也有所不同，一般可分为以下几种类型。

1）岗位胜任力模型

岗位胜任力模型是胜任一个特定岗位或工作需要具备的个人特征组合。一个特定岗位胜任力模型包括的胜任力数量和类型取决于工作本身的性质和复杂性，以及所在组织的文化和价值观特征，该模型常用于员工选拔和晋升决策。

2）功能性胜任力模型

功能性胜任力模型是以某个职能部门中专业水平非常高的某一类岗位人员的成功案例为依据，进而总结得出的胜任力模型。

3）角色性胜任力模型

角色性胜任力模型是以企业员工个人的特定角色为依据，经过比较而归纳出的一种胜任力模型。它区分了某一类岗位工作人员的单一性与专业性，是基于功能性胜任力模型的更深层次的研究。因为该类模型具有非常完善的管理功能，所以它一般在以团队为基础的组织中来建立。

4）组织胜任力模型

组织胜任力模型是以企业的发展方向和发展目标为依据，与企业的运营理念密切相连，并且在此基础上，满足公司战略部署的发展需求进而建立的胜任力模型。它在角色性胜任力模型的基础上得到了进一步提升，对企业的整体职能以及业务部门进行了涵盖，适用于企业里不同工作领域、不同岗位、不同层次中的全部人员。

四、常见的胜任力模型

1. 冰山模型

McClelland 认为，胜任力的确定过程应遵循两个原则：一是能否显著地区分工作业绩；二是要以客观数据为依据。为此，McClelland 提出了胜任力冰山模型（图 2-2），把员工的胜任力表现划分为水上部分和水下部分，并对胜任力组成的各要素进行了层次上的排列。

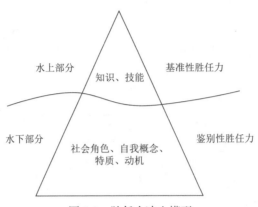

图 2-2　胜任力冰山模型

　　冰山的水上部分包括知识和技能，是基准性胜任力，也就是从事某项工作起码应该具备的能力素质，是对企业员工的基础要求，但它不能有效区分优秀员工与合格员工。基准性胜任力是可观察和易测量的，也可以通过学习获取，所以知识和技能可以通过培训获得。而处于冰山水面之下的是深层次能力素质，研究认为，它是用来区别绩效优秀者与绩效一般者，是鉴别性胜任力，包括社会角色、自我概念、特质和动机。绩效越突出，鉴别性胜任力发挥的作用比例就越大。相对于可见的知识、技能，鉴别性胜任力较难测量，但对员工的影响是关键性的，可以通过一定的测量手段（如考试、面试等）在较短的时间内进行测量，也可以通过学习、训练和培训进行改变和发展。

　　按照冰山模型，可将胜任力分为六类要素。

　　（1）知识，是指个体为了完成工作任务应当具备的事实性和经验性信息，对某特定领域的了解、拥有与该领域有关的事实和经验，如专业知识、工作经验、管理知识、财务知识等。

　　（2）技能，是指结构化地运用掌握的知识和技术顺利完成特定工作的能力，如表达能力、分析能力、决策能力、逻辑思维能力、学习能力、领导能力等。

　　（3）社会角色，是指个体在价值观的影响下，在社会环境中所表现出来的行为方式和风格，或一个人的理想、对未来职业的预期，即成为什么人、想要做什么事，如奉献精神、团队精神、职业经理人、专家、培训讲师等。

　　（4）自我概念，是指个体的自我认知、态度和价值观，对自己身份的认知和看法，如积极乐观、勇于挑战、自信、自觉性等。

（5）特质，起源于个性的行为特征，是对各类信息持续而稳定的行为反应，指个体通过外在行为和表现所展现出来的对外在环境和各种信息的持续反应，它能够预测个体在不受监督的环境下能否自发从事某项工作，如毅力、勤奋努力、坚韧、诚实、责任心等。

（6）动机，是指个体在特定领域表现出的偏好和兴趣，是驱动个体持续完成某项工作的倾向，如成就动机、求知欲、服务精神、危机意识、团队合作等。

McClelland 结合关键事件法和主题统觉测验开发出了行为事件访谈法，以此为基础，研制了胜任力模型的开发程序，其主要步骤是：找出能鉴别绩效优秀者和绩效一般者的绩效标准；选择绩效优秀者和绩效一般者两组人员作为效标样本；对绩效优秀者和绩效一般者相区别的胜任力进行界定；寻找并优化测量胜任力的方法；选择两组样本对胜任力进行检验。之后，Spencer 在其基础上对胜任力冰山模型加以完善，针对不同岗位或职业，形成了不同人员的通用胜任力模型，并在此基础上建立了胜任力模型的构建方法和程序：确定绩效有效标准→选择效标样本→收集资料→建立胜任力模型→验证胜任力模型→胜任力模型的应用。

胜任力冰山模型的提出为人力资源管理的研究提供了一个新的方向，可以通过这种更有效的工具来实施管理。它满足了人力资源管理发展的要求，详细说明了担任某项工作应具备什么样的胜任力特征才能发挥个体的主观能动性，使工作高效完成，成为该工作岗位中的绩效优秀者。胜任力冰山模型是人员素质测评的重要依据，为人力资源管理的发展提供了科学基础，为提高组织绩效和促进个人事业成功做出了实质性的贡献。

2. 洋葱模型

美国学者 Boyatzis 提出了胜任力洋葱模型（图 2-3），他把胜任力体系描述成洋葱状，把胜任素质分解为层层包裹的结构，洋葱的核心是个性、动机，由内而外分别是自我形象、态度、价值观，最外层则是知识、技能。

图 2-3　胜任力洋葱模型

（1）知识和技能。它们是"洋葱"最表层，类似"冰山"的水上部分。知识和技能可以培养、便于评价。通过培训学习、工作轮换等多种人力资源管理方式，提高员工的知识与技能水平是相对容易的。

（2）自我形象、态度、价值观。它们是"洋葱"内皮层，类似"冰山"的水下浅层部分。自我形象、态度、价值观等需要长时间积累才能塑造，不易改变。

（3）个性和动机。它们是"洋葱"的核心层，类似"冰山"的水下最深层部分。个性、动机的成形与个人大脑的发育过程密切相关，达到一定年龄后相对稳定且具有极强的个性化色彩，这是最难以评价和培养的。

洋葱模型和冰山模型在本质上是一致的，个人特质表现为外显和内隐，作用时间分为短暂与长远，行为表现分为可测量与不易测量、可评价与难评价。两个模型形象地描述了胜任力被挖掘与开发的难易程度，自上而下、由表及里，胜任力被挖掘与开发的难度也随之增加，最下层、最里层的胜任力特征最不容易改变和发展。知识与技能是最为显性的，最容易观察和培养；个性和动机属于隐性的，难以观察和改变，但对胜任力起决定性作用。

3. 胜任力词典模型

在冰山模型和洋葱模型之后，从 1989 年起，McClelland 开始对全球 200 多项工作所涉及的胜任素质进行观察研究。经过逐步的发展与完善，共提炼形成了 21 项通用胜任素质要素，构成了胜任素质词典（competency dictionary）的基本内容。这 21 项胜任素质要素概括了人们在日常生活和行为中所表现出来的知识与技能、社会角色、自我概念、特质和动机等特点，形成了企业任职者的胜任素质模型。在词典模型中，21 项胜任力特征按照内容或者作用的相似程度划分为 6 个基本特征族，又将每个特征族中对行为与绩效差异产生影响的显著性程度划分为 2～5 项具体的胜任力特征，且每一项具体的胜任力特征都有一个具体诠释和至少 1～5 级的分级解释说明，并加以典型的行为描述，如图 2-4 所示。

图 2-4　胜任力词典模型

学术界和企业界都在各自研究和实践的基础上，将胜任素质词典加以丰富和细化，进一步发展出21项胜任素质新的内容，使之不仅具有更广泛的适用性，而且变得更加清晰有效，具体如表2-3所示。

表2-3　胜任力词典

特征族	胜任力特征要素
成就与行动族	成就导向、重视秩序、品质与精确、主动性、信息收集
帮助与服务族	人际理解、顾客服务
冲击与影响族	组织知觉力、关系建立
管理族	培养他人、命令、果断、职位权力的运用、团队合作、团队领导
认知族	分析式思考、概念式思考、技术/专业/管理的专业知识
个人效能族	自我控制、自信心、灵活性、组织承诺

词典的尺度具有广泛的适用性，导致其缺乏精确性。一些胜任素质可能对某些具体的工作相关性不强，因此运用一般性的尺度可以协助企业加快胜任素质研究的精确度，但不应该取代企业应有的实际研究。词典中的胜任力要素为行业和企业进行胜任力模型构建提供了参考，各个行业和企业在建立胜任力模型时应针对组织的具体情况来进行实践性探索，即根据企业所处行业特点以及自身特性，包括所处发展阶段、资源掌握的成熟度、市场情况等外部条件的完善程度等，通过对胜任力特征要素的不断修订、增删以及重新组合，形成符合行业与企业个性需要的胜任力词典。

4. 胜任力梯形模型

在冰山模型基础上发展出了胜任力梯形模型，该模型有四个层次，如图 2-5所示。从下至上依次是自我意识-内驱力-社会动机、思考方式-思维定式、知识-技能-态度和绩效行为。该模型揭示出胜任力特征模型四层级要素之间的内在关系：绩效行为是由其下的三个层级共同决定的，并且这三个层级存在着递进和决定关系，即自我意识-内驱力-社会动机决定着一个人的思考方式和思维定式等个体特质，然后才是个体所具备的态度、知识、技能等因素发挥具体作用，最后由这些因素共同决定个体在实际工作中的行为表现。这个模型的最大优点是弥补了冰山模型中没有揭示模型中各层次要素之间内在关系这一缺陷。

图 2-5　胜任力梯形模型

5. KSAO 模型

KSAO 由知识、技能、能力、其他个体特征四个词的英文单词的首字母组合而来。K（knowledge）即知识，表示可以通过后天学习、培训或锻炼而得到的完成某岗位或工作所需的信息；S（skill）即技能，是岗位或工作中所需要的某项技能，可以通过经验积累获得；A（ability）即能力，表示心理特征或特定的主观条件；O（others）即其他的个体特征，包括态度、价值观、应变能力等。KSAO 模型是 Mirabile（1997）在冰山模型的基础上提出来的，能将优秀者和普通者区分开，是目前人力资源管理中常见的模型之一。其优点在于模型中的"O"具有一定的动态性，能够随环境条件的改变适时做出应变和调整。不足之处在于，对胜任力要素的描述缺乏具体性和直观性，所以冰山模型或洋葱模型仍是人们构建胜任力模型时的首选。

五、胜任力模型在各领域的研究

胜任力模型在各领域的研究构建主要是以三种胜任力理论模型为基础，大部分研究采用并列的形式构建，即对胜任力特征以并列的形式进行描述，而非层次性的描述。根据不同的职业领域、不同的工作岗位、不同的职务类型、不同的发展状况等，构成各研究领域的胜任力模型的要素也不尽相同，得到的胜任力模型结果也就不同。

（1）企业或公司等比较注重领导胜任力。Alldredge 和 Nilan（2000）构建了三维度 12 因子的行政级别全球胜任力模型，其中三个维度分别是基础领导胜任力、必不可少的领导胜任力、愿景领导胜任力，均强调了领导胜任力；仲理峰和时勘（2004）在通信行业和家族企业管理者的胜任力模型要素中也首先强调了领导者的权威导向，以及领导干部的影响力与驾驭能力；而 Olesen 等（2007）在分析和研究的基础上，采用行为事件访谈法直接提出微软领导胜任力模型，包括基准性胜任力、未来导向胜任力和鉴别性胜任力三个维度。

（2）教师行业中强调四个维度，包括知识素养、教学能力、职业品格和人格魅力（刘钦瑶等，2007）。知识素养主要包括专业知识及生活常识等方面的内容；教学能力主要是指能够熟练运用已有的知识，通过练习与实践形成自己稳定的、复杂的教学行为，并且能够提高学生的学习能力与知识水平等（何齐宗和熊思鹏，2015）；职业品格主要是指教师能否以身立教、爱岗敬业等方面；人格魅力主要是指在与学生相处期间散发出来的能使学生亲近且愿意向其学习的品质，这一品质在小学以下教师行业中的重要性尤其突出（樊立群和周燕，2018）。

（3）在医护行业中，护士比较强调胜任力模型中的人际关系与管理能力（王玉花等，2014）；临床医师比较注重医师本人的归纳思维、关系建立以及人际理解能力等胜任能力（乔丽花，2016）；急诊护士更加强调其情商、解决问题及决策技巧、运作管理和患者关注等胜任力（Daouk-Yry et al.，2017）。

（4）其他行业的胜任力模型研究。运输行业比较强调严谨性与稳定性（李志成等，2017；王一晨和赵汝成，2018）；心理咨询行业的胜任力模型主要强调心理咨询方面的专业知识与职业技能以及工作中的职业道德（Rodolfa et al.，2013）；警察行业需要具备四个方面的胜任力：一般能力、特殊技能、人格特质、政治素养。

第二节　胜任力的建模方法

一、胜任力模型构建的理论基础

胜任力模型构建的目的是达到"人员-职业-组织"之间的匹配，实现个人的职业发展，提高工作绩效。它以人力资源管理、心理学、测量学、统计学等知识作为构建胜任力模型的基础。

1. 人岗匹配理论

每个人都有自己的个性特征。由于每一种职业都有其特点，对工作者的要求也有所不同，如工作者的知识、技能、气质等。因此，必须根据每个人的个性特征选择与之相适应的职业，做到人岗匹配。人岗匹配吻合度高，可以提高工作绩效，提升工作效率。

人岗匹配主要包含两层含义：①岗需其才，即岗位需要具备一定知识、技能及能力的员工；②人适其岗，即员工与岗位特征、环境文化等相适应，可以胜任岗位。人岗匹配具有人和岗位双向匹配、动态变化的特征。人岗匹配的双向契合程度越高，越有利于人员对岗位满意度和生产效能的提升。该理论强调是否胜任岗位要求由个体的能力和综合素质决定，强调了进行职业决策时，要根据个体的个性特征选择与之相对应的工作岗位。

2. 人力资本理论

人力资本理论认为在同等条件下，受过更多教育的人能创造出更多的价值。通过教育，可以促进经济增长。通过人力资本投资，改变劳动者的知识结构和能力结构，可提高个人收入，使社会分配不断趋向于平等。人力资本理论提出的意义在于，对人力资源的管理可以更加有效地施展人的才能，挖掘人的潜能，调动人的积极性，发挥人的创造性，促使企业、单位在人力资源上投资，为社会培养人才。

3. 特质理论

特质理论的主要代表人物有艾尔伯特、艾森克和卡特尔等心理学家。艾尔伯特提出，特质是人格结构的核心，在一定的情境中，特质可以使人激起某种倾向，产生各种行为。卡特尔把特质区分为表面特质和根源特质，他通过引进因素分析，把人格特质因素局限在几个表面特质上，再把表面特质归结到几组因素或根源特质上，通过根源特质去描述或预测个别差异和个体行为。艾森克对人格提出了内倾-外倾、神经质-稳定性、精神质三个基本维度，以此为基础制定了人格问卷，成为验证人格维度的理论依据。

4. 动机理论

动机（motivation）体现了个体为实现特定目标而付出努力的强度、方向和持续性的过程，动机的变化来自情境的推动，是一个不但因人而异，对同一个体来说还因时而异的概念。动机是指与需求满足程度相关的，通过高水平努力完成组织目标的意愿。在此概念中，有强度、方向和持续性三个关键要素。当代动机理论有大量的有效证据支持其结论，包括自我决定理论、目标设置理论、自我效能理论、强化理论、公平理论/组织公平、期望理论。这些理论相互之间并不矛盾，而是互为补充。从当代动机理论的整合可以看出，机会对于个人的努力既可以促进也可以妨碍。动机理论与目标设置理论相一致的观点是"个人努力"还受到"个人目标"影响。目标-努力关系链提示了目标对行为的导向作用。

当代动机理论整合模型综合了成就需求、工作设计、强化和公平比较/组织公平。对于高成就需求者，其受到的激励并非来自组织的绩效评估或奖励，他们完成工作的内在驱动力源于他们所从事的工作能提供的个人职责、信息反馈以及中等强度的风险。该整合模型中也包括强化理论，通过组织奖励对个人绩效产生的强化而体现出来。如果员工将奖励体系作为对高工作绩效的补偿，则奖励会持续对高绩效水平产生进一步强化和鼓励。在组织公平研究中，奖励也是一个关键部分。通过比较自己与他人的所得，员工能够判断对自身产出（如薪酬）是否满意。当员工对薪酬不满时，会进一步考虑自己被对待的方式，此时，他们尤其重视程序公平和主管关怀。程序公平基本原则得到了世界各国的认可，全世界范围内的员工都希望获得奖励的原因不是基于资历，而更希望基于绩效和技能。

综上所述，人岗匹配理论要求人必须具备胜任岗位的特征，人力资本理论给人的职前与职后培训提供了依据，特质理论对人在不同环境中需要的特质做了较好的解释，动机理论解释了动力对个人绩效水平的促进作用。

二、效标参照与因果关联

1. 效标参照

效标，顾名思义是指用来衡量某一胜任力特征、预测现实情境中工作表现优劣的效度标准。对于胜任力模型来说，校标参照的作用非常关键。一个特征要素如果不能有效预测出有意义的差异（如在工作效率、工作效果方面的差异，最终体现为工作绩效的差异），那么不能称之为胜任力特征。最常用来评价胜任力研究的效标参照分为优秀效标或合格效标。

（1）优秀效标：超过平均成绩标准差的绩效。

（2）合格效标：最低能够接受的标准。

2. 因果关联

因果关联是指胜任力与其所引起或预测的行为和绩效之间的关联关系。动机、特质、态度、自我概念等胜任力特征能够对行为反应方式进行预测，行为反应方式又能够影响工作绩效的结果。因此，只有能够引发和预测某一岗位工作绩效和工作行为的深层次特征，才能够认定这种特征为该岗位的胜任力特征。

不同的岗位需要具备的胜任力特征不同，要经过数据分析、信效度检验后才能确定可作为区分绩效优秀者与绩效一般者的胜任力指标，一些常见的胜任力特征指标的定义和行为表现如表 2-4 所示。

表 2-4　胜任力特征指标的定义和行为表现

胜任特征	胜任力特征指标的定义和行为表现
成就导向	1. 成就行为：积极完成本职工作，设定更高的标准挑战自我、追求卓越。 行为表现：在工作上漫不经心，只符合公司最基本的要求；只完成公司规定的任务，拒绝领导临时派遣的任务；严格执行各项规定，从未犯过严重错误，也不要求更高的发展；想要把工作做好，做过尝试与努力，但没有特殊的进步；为自己设定比公司要求更高的标准。 2. 成就影响：以积极的心态或行动影响、带动身边的同事。 行为表现：只管个人的表现；影响身边 1~2 人；影响整个班组
整体规划	保持良好的工作习惯，有计划、有质量地开展工作，衣着整齐，工具摆放整齐。 行为表现：因工作没有计划性或不按工作流程作业而导致遗漏或失误；不按正规流程作业，也没有出现问题；按标准流程作业，工具及其他物品摆放整齐；呈现整体的秩序，对自身有明确的工作角色定位和期待
主动性	1. 主动性：思想上积极主动，保持向上的心态。 行为表现：只会回想过去，错失良机；被动等待组织安排；工作上进展不顺利，但不轻言放弃。 2. 自我激励：工作上积极主动，在无人监督的情况下也可保持工作动力，甚至主动学习和完成超越现有层级所需的部分工作，或主动付出休息时间将工作做得更好。 行为表现：逃避必要的工作；只做一般性必要的工作；仅限于完成工作；付出额外的心力去完成工作；主动完成超过岗位职责的工作
学习能力	出于工作或自身发展的需要，主动收集行业内相关信息，保持学习的习惯。 行为表现：除了已给的资料，没有收集任何相关信息；向有经验的同事直接询问一些问题；通过个人的观察、实践，了解到自己需要的信息；在一定时期内，通过报纸、杂志等长期获取资讯
人际沟通	1. 表达能力：能清晰表达自己的想法，能与调度或领导准确通报信息。 行为表现：有问题不愿与同事或领导沟通；不能准确表达自己的意图，经常造成误会；对于工作中的问题能很好地沟通，但不涉及自己的私事；乐于分享，包括工作和自己的情绪状态。 2. 倾听能力：能准确领会领导、调度、同事的意图。 行为表现：不愿倾听，认为别人的事与自己无关；在同事诉说后不做积极反应；愿意倾听，有一定的互动；以助人的态度倾听
应变能力	在遭遇突发事件时，能迅速恢复工作状态并开展工作。 行为表现：遭遇突发事件后大脑一片空白；遭遇突发事件后可以按规定处理好；遭遇突发事件可以独自处理，即使有不妥之处，也没有产生不良影响；不受突发事件影响，处理问题思路清晰
团队合作	1. 合作行为：与同事通力合作而不是竞争，有促成合作的积极态度。 行为表现：不合作；造成分裂，导致问题产生；中立、被动；表达出对他人正面的期待；鼓励并给予他人动力；采取行动增进团队良好氛围；化解团队中的冲突。 2. 合作态度：以实际行动促成团队合作的事实。 行为表现：不做任何努力；例行公事的合作；付出努力，在团队中发挥一定程度的影响力
分析式思考	借由拼凑片段和着眼大格局来了解一个状况或问题，根据某些迹象做出合理预判。 行为表现：看出多重关系，预料到完成任务过程中可能遇到的障碍；做复杂的计划或分析，系统地将复杂的问题或处理过程分解成小部分

续表

胜任特征	胜任力特征指标的定义和行为表现
专业知识	包括对特定工作相关知识的了解、延伸、利用和传播。 行为表现：付出很大的努力获得新的技能和知识，实施得知最新的概念
自我控制	在突发事件面前保持冷静、抑制负面情绪，做出正确行动的能力，个人情绪不干扰正常工作。 行为表现：个人情绪干扰工作效力或在压力下崩溃；可以控制情绪，在遇到突发事件时仍可采取具有建设性的行动
自信心	1. 自信心：相信自己的能力可以完成上级交办的任务，相信自己通过努力或学习可以完成任务。 行为表现：在一般事情上质疑自己的能力，给别人的印象为"软弱无力"；不适应或逃避挑战；对他人让步、缺乏信心；表现出有自信的样子，独自做决定；对自己的能力有信心，认为自己的能力优于别人；自愿接受挑战，愿意承担额外的责任。 2. 反思能力：可以勇敢面对失败，客观分析失败的原因，承担应当承担的责任。 行为表现：认为都是自己的错；分析自己的表现来了解失败，以改善未来绩效
组织承诺	有能力与意愿，将个人的行为调整到与组织的需求、重要决定和目标一致。 行为表现：付出些许努力，仅为保住工作；主动付出，尊重组织规则；对组织忠诚，愿意协助同事完成任务；做个人或专业上的牺牲，将组织需求置于个人需求之上

三、胜任力模型构建的流程

纵观我国关于胜任力的研究文献，传统的胜任力研究重在提炼能够区别绩效优秀者与绩效一般者的胜任力项目，这是公认的构建胜任力模型的一般程序，传统的运用行为事件访谈法建立胜任力模型的具体步骤如下。

（1）确定所分析职位角色的绩效评估指标。

根据一定的条件判断绩效优秀者与绩效一般者的区别。研究者既可以运用已有的评估指标，也可以开发建立更有效的评估指标，综合运用多种手段，多角度予以印证。这些指标既可以是客观数据，如学生的平均成绩、升学率、教师的科研成果等；也可以是主观评价，如学生、家长、同事间的各种评价等。针对不同行业、不同职业以及处于不同文化环境中的人员，在构建胜任力模型时，其定义绩效的标准也不同。依据系统制定出来一套相对全面的基准指标来评判当前绩效评估是否合理。当然，一般崇尚选取一些"硬性"指标，即客观指标。一般采用工作分析法和专家小组讨论法等提炼出绩效优秀者和绩效一般者相区别的标准。

（2）确定访谈样本。

样本选取的合理性会直接影响最终构建的胜任力模型科学与否，因此在选取分析样本时，应该注意样本选取方法以及样本容量的严谨性。根据前面所确定的绩效标准，分别选取优秀组和普通组，即表现优异者和表现一般者，从满足条件的绩效优秀者和绩效一般者中，通过随机抽样，抽取出一定数量的员工进行调查。

（3）获取胜任力资料。

通过采取相应的方法获取数据，如主题分析、行为事件访谈法、问卷调查法、360°评价、专家系统数据库、实地观察法等，获取效标样本有关数据。目前采用的最主要方法就是行为事件访谈法，一般由受过相关专业训练的人员对两组样本分别进行观察和行为事件访谈。

（4）分析数据资料并建立胜任力模型。

访谈结束后，对访谈内容进行数据分析的过程称为编码。首先，组织编码培训小组对国际上通用的建立胜任力模型的 Spencer 词典进行学习、讨论和修改。根据现有研究，增删相应的胜任力项目，形成合适的胜任力词典。其次，进行编码训练。选取一份访谈录音文稿，就词典里所有的胜任力特征对访谈文稿进行编码，在不断的讨论中提高认识的一致性，并根据实际情况进一步修订词典。再次，进行正式编码。抽取培训过程中编码一致性较高的两人形成正式的编码小组，根据修订后的编码词典，分别进行独立编码。最后，将编码所得到的数据进行汇总和统计，对优秀组和普通组在每一胜任力项目上出现的频次和等级的差别进行比较分析和检验，确定出差异显著的胜任力指标后，建立研究对象的胜任力模型。

（5）验证胜任力模型。

通常验证胜任力模型有三种方法：构想效度、交叉效度及预测效度。对所构建胜任力模型进行验证是不可或缺的一个环节，但是对胜任力模型进行验证时，验证方案需要根据模型构建的初衷来制定，不能一概而论。

（6）应用胜任力模型。

将胜任力模型应用于工作分析、人员甄选、招聘、绩效评估、培训与开发、薪酬管理、职业生涯规划等，并进一步进行验证。胜任力理论经过不断的发展，也演变出两种不同的建模模式，即基准模式和卓越模式。由于这种传统的建模方法是以表现优秀者为参照的，目的是挑选那些表现优秀者，因此传统的胜任力研究步骤得出的模型属于卓越模型。

四、胜任力模型构建方法

目前，胜任力模型的构建方法主要有直接观察法、文献分析法、行为事件访谈法、关键事件技术法、专家小组讨论法、工作分析法、问卷调查法（工作问卷及清单调查、职位分析问卷）、情景测验法、趋势驱动法等方法。这些方法各有其优缺点，需要根据职位所处的环境，包括有形的和无形的背景环境，同时考虑组织的行业类型、组织战略和目标、组织气氛、企业文化和价值观、高层管理风格和价值观，以及目前所具备的条件等方面，从而决定先用什么方法来建立胜任力模型。

1. 直接观察法

研究者直接观察研究对象的日常工作进程，记录对方的行为表现，然后对收集到的资料进行后期编码，形成能力项目。这种方法直观、具体，可以收集到大量的资料，是确认核实专家座谈、调查以及行为事件访谈资料的好方法，也是一种有益的补充；但不可否认，该方法需要花费研究者大量的时间来收集资料，且获取的信息庞杂琐碎，整理过程花费的时间精力也很大，同时不能保证收集到的都是有用信息，效率较低。

2. 文献分析法

文献分析法主要指搜集、鉴别、整理文献，并通过对文献的研究，形成对事实科学认识的方法。它是一项经济且有效的信息收集方法，通过对与工作相关的现有文献进行系统性的分析来获取信息。一般用于收集工作的原始信息，形成项目研究的初稿。

3. 行为事件访谈法

行为事件访谈法是建立胜任力模型的经典方法，是指通过对绩校优秀组和绩效一般组在工作中的关键行为事件进行编码与数理统计，获得两组之间具有显著性差异的胜任力特征。这一方法最早由提出胜任力概念的 McClelland 提出并实施，其创立的 McBer & Company（麦克伯咨询公司）应美国政府的要求帮助挑选驻外联络官（Foreign Service Information Officers，FSIO），就采用了行为事件访谈法，总结出表现杰出者与表现一般者在行为和思维方式上的差异，构建了 FSIO 胜任力模型，后来这一方法被广泛使用。国内的时勘等（2002）运用行为事件访谈法对我国通信行业管理干部的胜任力进行了实证研究，构建了包括影响力、信息寻求、组织承诺、成就欲、人际洞察力、团队领导、主动性、客户服务意识、自信和发展他人等胜任力特征在内的胜任力模型。

行为事件访谈法逻辑严谨，所得信息充分，是建立胜任力模型的首选方法。该方法的实施步骤分为资料梳理与准备、行为事件信息收集、访谈资料编码与统计和模型验证，具体内容如图 2-6 所示。

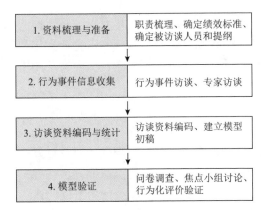

图 2-6　行为事件访谈法流程

1）资料梳理与准备

这一步要完成的主要工作内容如下。

（1）根据相关资料熟悉建模岗位工作职责、典型工作情景，梳理岗位工作特点。

（2）确定绩效标准，优先选择量化的近几年（一般 2～3 年）绩效考核得分或等级，其次可采用上级评价或主观判定结果。

（3）确定被访谈人员，每个建模岗位被访谈人数应不少于 20 人，绩效优秀者与绩效一般者比例为 3：2，样本越少，绩效优秀人员占访谈总人数的比例越高。

（4）设计访谈提纲，提前发放给被访谈人员。

2）行为事件信息收集

通过行为事件访谈和专家访谈的方式收集 2～3 个成功事件与 2～3 个不成功事件。

3）访谈资料编码与统计

在这一步骤，对访谈资料进行编码与统计，找出绩效优秀组与绩效普通组人均出现频次有显著性差异的胜任力。这一步要完成的主要工作内容如下。

（1）基于已有的经典胜任力词典修订出编码词典。

（2）将访谈录音转录成文本形式，使用质性分析软件（常采用 Nvivo 和 ATLAS.ti 软件）进行编码。

（3）对编码结果进行统计分析，找出绩效优秀组和绩效普通组之间存在显著性差异的胜任力。

4）模型验证

最后，将编码过的行为语句梳理成有区分度的行为指标，形成模型初稿，并采用问卷调查、专家访谈与行为化评价验证等方式对初稿进行验证与修订。

该方法使用过程中需要注意访谈要具有针对性，要细化具体的事件描述与分析，能够明确描述出具体的工作内容、工作感悟，所以该方法得到的胜任能力要素是基于现实岗位工作的流程分析与感受总结，来源更加真实有效，规避了其他方法使用中胜任能力要素的假设与预想问题。在具体访谈中，为了深层次挖掘员工对工作细节的描述与感悟分析，往往访谈者需要利用引导性问题启发被访谈者的深入交流，最常用的是 STAR 访谈法（表 2-5）。STAR 是情境（situation）、任务（task）、行动（action）、结果（result）四个单词的首字母缩写，是在访谈过程中，对于事件本身发生的背景、任务目标、采取的行动及最终结果进行详细表述，在整个表述过程中，一定是环环相扣，每一个环节的动机和行为都与之后的反馈有本质性的联系。通过这样的分析法，不仅可以核定事件的真实性，还能多维度测试受访者分析问题、解决问题的能力。

表 2-5　行为事件访谈法的 STAR 工具

情境方面（S） 任务方面（T）	行动方面（A）	结果方面（R）
请描述一种情境，当……	面对当时的情况，你是怎样反应的？采取了哪些具体行动？	事件的结果如何？结果又是如何发生的？
周围的情形怎么样？	你在整个事件中承担了什么角色？	这一事件引发了什么问题或后果？
你这样做的原因是什么？	你当时首先做了什么？在处理整个事件过程中都采取了哪些行为？	你得到了什么反馈？

但行为事件访谈法也有缺点。其要求模型构建者具备专业的知识和技巧。访谈需要花费大量的时间，适用于研究单个具体职位的胜任力状况。根据行为事件访谈法提炼出的胜任力特征关注的是过去工作的要求，未必适用于未来的需要和不确定的环境。另外，访谈只是针对一些关键事件进行，因此容易遗漏某些工作内容。

4. 关键事件技术法

关键事件技术法是一种通过观察、记录和判断工作岗位上绩效优秀者在工作中所处理的关键事件来分析胜任力特征的方法。这种方法的优点在于能抓住那些非常规的、非例行的行为。缺点是时间周期比较长，拉长了数据收集过程，而且还难以转换到工作说明书中。

5. 专家小组讨论法

专家小组讨论法也可以称为德尔菲法，是迅速收集数据的方法之一，主要依据专家对绩效优秀员工工作的观察，获得岗位胜任素质的数据，总结优秀员工工作所需要具备的特质。专家组成员可以由某岗位的直属领导、具有多年经验的老员工、业内有威望的人士或研究该领域的学者组成。集中专家的智慧，结合专家的丰富经验和对行业、岗位的认知，通过专家之间面对面交流和头脑风暴法快速获得大量信息。

采用专家小组讨论法时，首先要选取科学合理的专家团队，通过对问题的设计向专家发布具体的问题，由专家团队成员分别独立完成对研究目标的分析，形成胜任力的具体内容，同时需要独立完成胜任力的重要性排序工作。研究者需要对团队成员的意见进行综合分析，明确相同意见的胜任力要素选择，对分歧性要素需要进行进一步的专家咨询访谈，从而形成最终的结果。

专家小组讨论法对评价者的要求比较高。通过专家小组讨论法所构建的胜任力模型的质量与所请专家的水平有很大关系，需要耗费较长的时间观察员工的工作特点，也需要专家深刻理解岗位的内涵和绩效考核的标准，因而在具体实施过程中存在一定的难度，往往会遗漏某些胜任力特征，也可能因为主观因素而曲解某些胜任力特征。国外的一项统计表明，使用专家小组讨论法构建的胜任力模型准确性在50%左右。目前在实践中，很少有研究仅以专家小组讨论作为唯一的建模方法。

6. 工作分析法

依据岗位工作的内容，分析执行该工作时所需的知识、技能、经验及所负责任的程度，以确定该岗位所需要的素质要求的一种方法。主要通过访谈、问卷以及观察法对各个岗位的任务进行分析，获取该岗位的职责、工作内容等特征，并分析绩效优秀者在工作中所表现出的知识、技能和个人特征，进而得到该岗位人员胜任所需要的关键素质。该方法操作相对比较方便，而且对操作人员的要求不是很高。同时，该方法的表达方式与工作本身的关联度较高，因此企业经常使用工作分析法对岗位胜任素质进行收集。工作分析法的具体步骤如下：

（1）环境分析，组织工作人员对工作岗位的整体环境变化和趋势进行分析，这些变化和趋势会对组织、行业、市场和技术发展的客观地位产生影响。

（2）通过分析，确定被研究工作岗位的工作职责、核心任务或工作成果（结果）。

（3）在此基础上确定该工作岗位关键任务的绩效考核标准。

（4）识别胜任力模型中包含的技能特征，并识别每个关键任务所需的其他技能。

（5）确认每个胜任力特征对应的具体工作行为——行为描述。

如果有必要，用户还可以根据需要添加行为案例访谈和其他调查方法。

工作分析法也存在一定的缺点。首先，该方法实际应用的隐含前提是要求工作岗位是相对稳定和静态的，因而对受外界环境因素影响较大的组织或者岗位不太适用；其次，在分析过程中，要对工作的具体任务要求进行详细分析，从而得出在既定的标准下完成工作，任职者需要具备的知识、技能等要求，该方法更偏重于建立基准性胜任素质，对需要鉴别胜任素质发展作用的核心岗位或关键岗位不太适用。

7. 问卷调查法

问卷调查法主要通过让员工回答预先设计的问题来大量收集胜任力研究所需材料，分析数据并构建胜任力模型，是一种相对便利且快速收集大量数据的方法。问卷调查法分为自评问卷和他评问卷，两种问卷各有利弊。自评问卷可以快速收集大量信息，但准确性主要依赖员工答题的认真程度，通常会受社会赞许效应的影响，问卷整体得分较高，且不认真作答会干扰数据分析的结果。他评问卷得到的结果一般比较客观，但是相比自评问卷而言，其费时费力，容易出现实际与下属评价结果反差过大的情况。

总体来说，相对于其他方法，问卷调查法能够快速地收集到大量的信息，在短时间内通过量化分析来构建胜任力模型，增强了科学性，并且成本较低。如果问卷数据可靠，在控制好测评过程且拥有大量样本的情况下也可得到准确的结果。但问卷调查法收集的信息局限于问卷中指定的胜任力特征，不能收集到额外的信息，因此构建的胜任力模型的有效性受到问卷效度的制约。

8. 情景测验法

情景测验是指提前设置一个符合实际工作的问题情景，并且提供几个在解决这一情景条件下具体问题时有可能产生的行为反应，让被测验者针对这些行为反应进行判断、评价与选择，最终被测验者挑选出最有效、最愿意采取的行为。研究者根据被测验者的判断、评价和选择进行评分，并推论其实际能力水平的测验。情景测验不是单纯地依靠抽象逻辑进行研究，而是对智力或智慧实践性的检验，也是对胜任力内涵的进一步升华。

9. 趋势驱动法

趋势驱动法是指根据对未来变化趋势的判断，确定与变化相关的胜任力。常用的行为事件访谈法和工作分析法都存在一定的短板和缺陷，二者都强调从过去的行为提取知识，但事实是，现实环境和策略瞬息万变，这样只以过去的成功经验去预测未来的办法往往是不够准确、缺乏前瞻性的，有时候甚至可能会犯经验主义错误。基于以上原因，趋势驱动法应运而生。在采用趋势驱动法来识别胜任力时，应当重点聚焦影响职位、工作、团队和专业的未来趋势，根据变化趋势找到能够适应变化、符合需要的能力特征。该方法强调对胜任力趋势的预判。

上述方法都不是孤立的胜任力建模方法，研究者和实践者可根据实际情况来选取不同的方法，或同时运用几种方法，或不同时期用不同的方法等，利用不同方法的组合来取长补短，灵活建立系统有效的胜任力模型。

随着网络的普及，新的胜任力模型构建方法开始出现。一些学者运用网络工具，使用 E-mail 或网络在线调查来辅助完成其研究胜任力特征中的部分内容，如 Chyung 等（2006）提出的基于网络的调查工具、Brill 等（2006）提出的基于网络技术的德尔菲研究法等。这些方法体现了时代的特征，可以节省大量的时间和成本，给胜任力模型构建方法注入了新的活力。

五、胜任力模型的检验

胜任力模型构建中最重要的是确保模型的准确性和有效性，这就需要对模型进行各类效度检验。

1. 构想效度法

构想效度，也叫结构效度或构思效度，主要用于心理测验效度的确定，现在也用于检验胜任力模型的效度。根据心理测量学理论，建立起某种心理品质的理论结构；从这一理论结构出发，提出关于某一特质的假设，如测验成绩（该测验成绩能测出智力水平）；编制量表；选择规模较大的样本进行测试；获得数据后，对量表进行验证性因素分析，检验量表的结构与原有模型是否吻合，即验证与理论假设的相符程度，在此基础上对胜任力模型的构想效度进行考察。确定构想效度的方法有测验内法、测验间法、效标关联法和实验操作法。影响构想效度的主要因素是构想的代表性，代表性过宽或过窄都会影响构想效度。

2. 预测效度法

按照一定的绩效标准去选择一定的样本作为考察组，将胜任力模型应用于人力资源管理的招聘、选拔中，对受测者的实际工作绩效进行观察，运用胜任力模型考察其预测效度。由于效标资料是在测验实施后收集的，这两者之间的相关系数有一定的滞后性，故称为预测效度。模型标准与实际执行之间存在一定的差距，培训标准也不好量化，因此检验胜任力模型一般不采取这种方法。

3. 同时效度符合法

测验和效标资料同时收集，这两者之间的相关系数就是同时效度的指标。同时效度符合法的效标样本与资料同时收集，即在某一时段用第一效标样本的标准去预测第二效标样本的胜任力模型是否正确。实施检验时，重选绩效优秀组和绩效一般组两组样本，再次进行行为事件访谈，对模型所包含的胜任力要素进行分析，检验是否能区分出绩效优秀组和绩效一般组，从而达到对胜任力模型同时效度的考察。

4. 专家验证法

邀请相关的专家、人力资源管理人员或熟悉岗位工作的员工对胜任力模型进行测评和验证。成立项目工作组，开展分组讨论和共同研讨，召开专家论证会和员工座谈会等，对模型的内容、层次、分级和逻辑关系等进行验证讨论，校验和完善初始胜任力模型。

5. 量表编制法

选取较大规模的样本进行测试，对量表进行因素分析，考察量表的结构是否与原有模型吻合。

6. 第二准则样本行为事件访谈法

重新选取绩效优秀组与绩效一般组两组样本作为第二准则样本进行行为事件访谈，分析模型中所包含的胜任力要素能否区分优秀组和普通组，即考察其"交叉效度"。

7. 采用评价中心的方法

对作为第二准则样本的绩效优秀组和绩效一般组进行评价，考察两组是否在这些胜任力要素上有明显差别。

以上几种方法中，构想效度法是最常用于实践中的方法。也可对问卷调查的数据进行探索性因子分析和验证性因子分析，检验模型的有效性。

六、以行为事件访谈法为例构建胜任力模型

运用行为事件访谈法建立胜任力模型，具体包括如下几个步骤。

（1）确定绩效标准。理想的绩效标准是硬指标，如销售额或利润、获得的专利和发表的文章、客户满意度等。如果没有合适的硬指标，可以采取让上级、同事、下属和客户提名的方法。

（2）选择效标样本，即根据已确定的绩效标准，选择优秀组和普通组，也就是达到绩效标准的组和没有达到绩效标准的组。

（3）获取效标样本有关的胜任力特征的数据资料。收集数据的主要方法有行为事件访谈法、专家访谈法、问卷调查法等，目前采用的最主要方法是行为事件访谈法。

（4）分析数据资料并建立胜任力模型。通过对从各种途径和方法中得到的数据进行分析，鉴别出能区分优秀者和普通者的胜任力特征。这一步具体包括假设产生、主题分析或概念形成等环节。

（5）验证胜任力模型。一般可采用三种方法来验证胜任力模型。

①选取第二个效标样本，再次用行为事件访谈法来收集数据，分析建立的胜任力模型是否能够区分第二个效标样本（分析人员事先不知道谁是优秀组或普通组），即考察交叉效度。

②针对胜任力编制评价工具来评价第二个样本在上述胜任力模型中的关键胜任力特征，考察绩效优秀者和绩效一般者在评价结果上是否有显著差异，即考察构想效度。

③使用行为事件访谈法或其他测验进行选拔，或运用胜任力模型进行培训，然后跟踪这些人，考察他们在以后工作中是否表现更出色，即考察预测效度。

第三节　胜任力模型的应用

一、胜任力模型对个人发展和组织发展产生的效益

（1）从个人角度出发，胜任力模型可以通过提高目标、业绩计量的透明度和人力资源工作实施的一致性来产生积极的员工产出（Artis et al.，1999）。

胜任力模型总结了优秀领导者丰富的经验和成功所需要的能力等，但它并不繁多，一般总结出 10~20 个，属于可管理范围，因而可用。它可以为在职员工执行有效行为提供明确的指导，为个人更好的选择、发展以及理解领导关系提供有效框架，最终成为个人更好发展的一个有力工具。

此外，胜任力模型能够帮助个人了解作为一个领导者所具有的技能，然后激励个体在自身发展中去承担一些责任并采取积极的行动。在启发人们如何观察和评价他人的领导效能方面同样具有价值，在许多组织中，它显著地提高了管理人员的业绩水平。

（2）从组织方面来看，胜任力模型能够在组织中示范高绩效的行为模式；帮助组织区分个人绩效；将有效行为与企业的战略目标方向联系起来；同时为不同职业、不同岗位分别提供有效行为模式。对处于在不断变化环境中的组织来说，能够快速而有效地实施新的商业策略至关重要。而胜任力正好可以作为一种强大的沟通工具，将愿景转化为人们可以理解和实现的行为术语（Sanchez and Levine，

2009）。因此，组织也可以使用胜任力模型来进行变革。

（3）建立"能上能下"的人才发展通道是公司有效利用人才资源的重要途径。岗位胜任能力可应用于上岗前的人岗匹配和上岗后的人员考核，甚至可作为下岗的重要依据。值得注意的是，岗位胜任能力是一个动态发展的概念，人员的能力随着职业生涯的发展而变化，因而岗位胜任能力的评价应该是动态的。

（4）通过专业序列胜任能力体系，可以建立公司的职业发展通道，并且明确每一发展通道、每一阶段对胜任能力的要求。只有达到了能力要求，才能够担任某一岗位。

二、胜任力对职业幸福感的预测作用

以往各行业有关胜任力与职业幸福感的研究都证明：胜任力与绩效和职业幸福感呈显著正相关，胜任力对绩效、职业幸福感有正向的预测作用。职业幸福感可以增加员工对组织的认同感和忠诚度，增强工作时的责任感，也可以促进员工保持心理健康状态，有较高职业幸福感的员工在工作时可以体验到更多的成就感（陈华芳，2013）。在招聘和培训中应用胜任力理论，提升员工的胜任素质，可以提高员工整体的职业幸福感，对于组织和员工个人发展记忆所服务的群体都有积极意义，胜任力在其中扮演导航员的角色，为如何提升员工的职业幸福感指明方向。

三、胜任力对员工绩效的预测作用

胜任力模型管理绩效考核是在企业的实际工作管理环境中、在具体的工作岗位上做出优秀的工作业绩所必需的一种基本知识、技能及其职业行为的综合特征。正如 McClelland 所认为的：为了有效提高和不断改善其工作绩效，企业在对优秀员工的人才甄选、管理引导以及企业持续发展上应当充分考虑使用特定专业岗位的最优秀员工的综合胜任能力素质及管理体系模型作为"标杆"或者"蓝本"。企业内部构建、研究并应用企业员工胜任力模型来管理绩效的根本战略目的和重要意义就体现在：帮助企业找到和培育高绩效的企业胜任能力素质管理基因，并在企业内部推广和应用，最终有效地提升企业员工和其他企业组织的胜任绩效，实现整个企业的胜任绩效管理战略。利用胜任力模型管理员工的"选、育、用、留"，可以为企业人力资源管理提供高效科学的工具。而利用胜任力模型指导人力资源管理，既可以有效实现在管理体系上的统帅和绩效牵引，同时也可以优化考评的流程、指标设定。

四、胜任力模型在招聘中的应用

基于胜任力模型的招聘具有三个重要特征：①标准，胜任力的构建是以绩效优秀员工的特征为指标，因此以应聘者在胜任力特征上的得分是否胜任岗位为客观指标；②行为，胜任力以绩效优秀员工的实际行为建立标准，如果应聘者在相应特征的得分高，可以预测其未来的行为表现；③量化，胜任力模型将难以量化的抽象指标进行分级，制定可以具体评分的量化指标体系，更具可控性和操作性。

丁秀玲（2008）进一步指出，招聘选拔的题目可以来自于行为事件访谈的真实事件。即将事件改编，还原为工作中的情景作为题目，将绩效优秀员工和绩效普通员工对事件的反应作为选项，来设计情景问题。将胜任力特征设计为情景面试的题目，也可以使面试评价更为客观。情景面试比传统面试更具有预测性，且可避免以往问答形式的面试中，应聘者出现的"装好"情况。特别是对管理层的面试，根据胜任力模型中的特征逐条考察应聘者，既可以快速确定应聘者与岗位的匹配程度，又可以验证应聘者所填报的工作经历，兼具经济性、有效性和实用性，也可以为后面的面试环节奠定良好的基础。

五、胜任力在培训中的应用

优秀员工之所以客观绩效表现更好，是因为他们一般具备多项胜任素质，而公司的培训意愿是希望提高普通员工的胜任力，进而提升公司的绩效水平。如果以优秀员工的知识、技能、特质作为参照，让大多数员工都达到这一标准，那么培训的目的就达到了。

李超平和时勘（2000）指出，培训应该建立在胜任力的基础上，以点对点的方式专项提升员工的某项胜任力；还要调动员工对培训的主动性，将胜任力与员工的职业生涯规划相结合，进而增强培训效果。吴坚红（2006）研究发现，基于胜任力的培训可以直接改变公司的某些现状，将胜任力的培训渗透到公司的组织进程中，形成相互依赖、相互作用的关系。胜任力模型可以为培训指明方向：培训什么？培训哪些人？培训到什么程度？同时将绩效指标也融入课程中，针对员工的绩效短板进行培训，员工从被动学习变为主动学习，从而保证了培训效果，有效提升组织的整体绩效水平。黄秀娟和黄勋敬（2007）进一步提出，培训不能只满足岗位当前对员工的要求，更要与公司的战略发展相结合，培训的效果应当满足组织今后较长时间内的用人需求，实现阶梯式的人才层级，实现人力资源的可持续发展。同时，胜任力也要服务于员工，为员工今后的发展打好基础，提高员工参与培训的积极性和主动性。刘洁（2014）也认为基于胜任力的培训应当与组织战略相结合，在分析需求、制定评价标准、规划培训课程时应当有长远目光。

充分听取员工的意见，同时满足组织和员工的需求，共同提高员工和组织的整体胜任力水平。

胜任力模型建立后，根据岗位所需的专业知识和技能开发培训课程体系，使培训更加有针对性和体系化。对现有任职人员进行胜任能力评估，发现员工的能力优势和弱项，然后有针对性地制定能力培养发展计划，提高个体乃至整体组织的专业能力。

六、胜任力模型在薪酬体系中的应用

已有胜任力模型通常应用于企业的招聘、培训、薪资结构等方面，大量研究表明，相较于传统的招聘、培训和薪资结构，基于胜任力模型的管理有着不可替代的优势。基于胜任力模型的人力资源管理关注"冰山"水面下的内隐态度、员工发展潜力等方面，不以当前的绩效指标为唯一标准，根据胜任力的预测作用，培养更具发展潜力的员工；根据胜任力特征的需求进行重点培训；着眼于员工创造价值的潜力制定薪酬方案；根据员工的特点及时调整岗位等，最终实现人力资源的持续发展。

例如，姚凯和陈曼（2009）将胜任力特征分为门槛类、区分类及转化类，不同类型所占比例不同，根据员工在胜任力特征上的表现确定薪资水平。于立宏和邓光汉（2004）将胜任力薪酬体系分为以下 5 步：①提取岗位核心能力；②对知识、技能、行动力、情绪控制等能力进行分析；③将每种关键能力按照从高到低进行分级；④由管理层、行业内专家组成评价小组，对员工各项能力进行评价；⑤根据评价结果并结合行业内平均薪资水平确定员工的薪酬。郑刚和曾方芳（2007）使用 360°评价法对员工各项胜任力特征进行评价，将每项胜任力特征的得分作为薪酬的参考指标。然后根据行业平均薪资水平确定每项胜任力特征的最高薪酬，通过加权计算确定员工最终的薪酬。赵春清（2007）将胜任力特征直接转化为薪酬的一部分，并且将团队的表现也计入个人薪酬，形成多层次、具体化的薪酬模型，可以调动员工的工作积极性，提升团队凝聚力，增强组织竞争力。

七、基于胜任力的人力资源管理

传统人力资源管理与基于胜任力的人力资源管理相比有以下区别。

（1）两者的基础不一样。传统人力资源管理是以岗位（工作）为基础，而基于胜任力的人力资源管理是以人员为导向。

（2）两者的前提假设不同。传统人力资源管理认为员工的潜能都是一样的，或者准确地说，没有意识到人是有潜能的；而基于胜任力的人力资源管理认为每个人的潜能都是与众不同的。

（3）两者产生的时代背景、适用的组织形式不同。传统的人力资源管理产生于工业经济时代，适用于刚性化的管理模式；基于胜任力的人力资源管理产生于知识经济时代，适用于知识型的新型组织。

（4）两者着眼点不同。传统人力资源管理的着眼点是员工达到工作资格要求；而基于胜任力的人力资源管理的着眼点是员工达到优秀业绩。

第三章 胜任力研究的问题、对策与展望

第一节 国内胜任力研究存在的问题

纵观国内外相关文献，发现国外对胜任力及其模型的研究已经非常成熟且形成了一整套科学、可行的研究体系，更重要的是，其研究具有很强的实践性，开发和构建的胜任力模型能很好地应用到实践中去，体现出研究的真正价值。然而，国内对胜任力以及胜任力模型的研究尚处于探索阶段，目前还没有形成一套较完整的研究体系，研究中也存在某些需要进一步完善的问题。

1. 采用行为事件访谈法建模的过程存在一定的主观性

胜任力模型是胜任力研究中的重点和热点，而行为事件访谈法是公认的最有效、最可靠的建模方法。目前，我国大部分研究者也都采用行为事件访谈法进行模型构建，但是在实际应用中却带有很强的主观色彩。首先，大部分研究者都不具备专业的访谈技术，不能很好地应对访谈过程中出现的各种情况，无法通过各种有效的访谈技术启发引导受访者更加详细、全面、客观地对自己的行为事件进行描述，从而导致访谈结果不够理想，甚至无效访谈。当获得的信息不够全面时，研究者在整理访谈资料的过程中往往会加进个人的主观推测，最终导致所收集到的信息资料缺乏客观性。其次，在对访谈内容进行主题和文本分析时带有更强的主观色彩，研究者往往根据自己的经验判断对胜任力特征进行提炼，提炼出来的胜任力特征带有很强的个人色彩。解决这种情况的最好办法就是成立一个研究小组，由2～3人同时对某一文本进行分析，但这需要耗费大量的时间、人力和物力。因此，作者认为，研究者应根据目前国内的实际情况对行为事件访谈法的适用性、科学性进行比较研究、对其进行验证，以便更好地加以应用。同时，在建模过程中，研究者应根据自己的实际情况有选择地应用行为事件访谈法，不要把它当成唯一可行的建模方法，最好的方法就是将行为事件访谈法和其他建模方法综合使用，尽量做到扬长避短。

2. 模型验证的方法较为单一，缺乏多样性

通常的检验方法主要是对模型内部结构进行检验，大都采用探索性因素分析或验证性因素分析方法，也就是根据胜任力模型编制问卷，选取足够大的样本进

行施测，然后对问卷进行探索性因素分析，以考察问卷的结构与原有模型是否拟合。随着探索性因素分析方法的广泛应用，研究者开始意识到这种验证方法本身存在的局限性，即采用探索性因素分析法对模型进行验证时，研究者的主动性非常低，无法对某个模型参数进行修正或改进，只能听任程序来呈现最终结果。因此，现在越来越多的研究者开始尝试采用验证性因素分析法对模型进行验证，其中结构方程模型是最常用的验证性因素分析法，这种方法很好地克服了探索性因素分析法存在的局限性，研究者的主动性非常大，不仅可以提出不同的假设模型，通过比较多个模型之间的优劣，以确定最佳匹配模型，还可以进行二阶因子模型分析，探讨不同潜变量之间的结构。但是无论是探索性因素分析法还是验证性因素分析法，都是对模型中那些已经确定的胜任力特征变量进行因素分析，检验的是模型内部变量之间的结构关系，简单说，是通过模型的内部检验以验证其内部结构的正确性。可见，目前对模型进行验证的方法还较为单一，只是从内部检验对模型进行验证。作者认为，为了获得结构更加完善的胜任力模型，不应该只局限于一种方法，而应该尝试使用其他验证方法，如第二准则样本行为事件访谈法、评价中心法、预测效度法等，以便对模型进行全方位的验证。

3. 忽视胜任力模型的应用

花费大量的时间、精力构建了胜任力模型，但忽视了胜任力模型在具体工作中的应用。构建了胜任力模型，却没有对模型的应用做出更为深入的研究。随着时间的推移，原来构建的模型会不断发生变化，如果不及时应用，必然会影响研究的有效性。

4. 构建的模型大多是通用模型，缺乏可操作性

随着研究的深入，出现了越来越多的胜任力模型，但大部分模型都是通用的胜任力模型，其中以企业最为典型，通常建立的都是管理者通用的胜任力模型，但是对不同层次、不同岗位、不同企业的管理者而言，其所要求的胜任力差异很大。因此，为了获得客观准确的结果，大部分情况下无法直接使用通用的胜任力模型，需要对模型进行一定程度上的修正才可使用，从而导致所构建的胜任力模型无法直接加以应用，在修正的过程中耗费了大量的人力、物力、财力。因此，研究者应致力于具体岗位胜任力模型的研究，以提高模型的应用能力，而目前对这些不同管理岗位的胜任力模型的区分与比较研究还比较少。

5. 对胜任力与绩效的关系研究还比较薄弱

研究胜任力的主要目的是能够提高岗位员工的工作绩效，但是目前的研究在

确定胜任特征要素时考虑过于全面，把所有的要素都考虑到了，追求胜任特征要素的全面性、多样性，却忽略了胜任力与绩效之间的内在联系，导致要素数目较多，却难以反映对绩效提升的作用，有些胜任特征可能对绩效不会产生直接的影响，这就降低了胜任力模型的有效性。

6. 对模型有效应用的研究较少

目前国内对胜任力的研究主要集中在对各种模型的开发和构建上，并取得了很多的研究成果，但是从查阅的文献来看，尚未形成一套完善的、科学的研究体系，许多研究方法仍然处于观察或经验判断阶段，所得到的结论是非常抽象化和概念化的，缺乏可操作性；研究结果更没有经过科学的论证，对如何才能有效地对开发的模型加以运用的研究寥寥无几。众所周知，开发和构建胜任力模型的最终目的是有效加以应用，能够将其推广到实践中，让其转化成生产力，给社会带来效益，真正体现其研究价值，但有的胜任力研究是在观察、经验的基础上构建的，得出的结论过于理论化，很难得到认可与实践。由于缺少实证数据，没有得到科学论证与支持，构建的胜任力模型很难得到推广和应用。因此，随着研究的不断发展和深入，对胜任力模型如何有效地应用到实践中的问题应该成为研究者研究的重点，只有突破了这一关，研究才具有真正意义上的价值。

7. 研究的领域和对象过于狭隘

目前国内的实证研究大都以企业为主，对企业以外的政府部门、教育机构、医疗机构、培训机构等的研究则相对较少。而在对企业的研究中基本上以中高层管理者为研究对象，对其他层次管理者的研究还比较少，有些岗位，尤其是一些特殊岗位，无人研究，如研究中小学教师、校长的居多，研究学校管理人员、生活教师和班主任的几乎没有，缺乏对不同行业、职业、岗位的同层次、多层次的系统化研究，对普通工作人员的研究更是微乎其微。随着社会的不断发展，竞争越来越激烈，各行各业都需要建立自己的胜任力模型以提高自己的竞争力，同时一个企业或一个机构能否得到很好的发展，在很大程度上取决于其内部工作人员（包括管理人员和普通工作人员）的素质和能力。因此，胜任力研究的领域和对象还有待进一步拓展，研究的范围应更加广泛，以便形成一条模型链供大家选用。

8. 缺少长期跟踪

由于胜任力研究需要花费较多的时间、人力、物力和财力，很多学者没有足够的条件进行专门的长期研究，无法对现有的研究进行跟踪，难以纵向深入研究。

第二节　潜在的对策

针对现有的胜任力研究尚存在的问题，尝试提出以下对策：

（1）加强胜任力基础理论研究。采用多种方法验证胜任力模型，建立科学的、系统的、实证的研究体系。

（2）增加样本的代表性。探索不同行业甚至具体企业的特异性胜任力模型，进行不同管理情境下胜任力模型的差异研究。通过网络调研抽样，扩大样本的取样范围和容量。在不同的城市对不同规模、不同层级的人群进行抽样，抽样后获得的数据可以进行对比研究，考察不同地域、不同层级、不同专业从事某一岗位的差异，如文科专业与理工科专业的教师之间会有差异，大学教师与小学教师之间也有差异。可以设计问卷针对专业、地域等差异进行研究，使模型得到更为广泛的检验，从而增大模型的适用范围。

（3）完善测量问卷。通过对问卷进行修改，使问卷趋向于行为的描述，而不是停留于概念。问卷可在数量、内容、措辞等方面不断进行完善，以提高问卷的信度和效度。

（4）扩大应用研究的范围。进行胜任力与绩效管理关系的研究，使模型更具有预测力。利用胜任力模型指导人员的评价、职业生涯规划等方面的工作。对胜任力要素与绩效的具体关系进行理论与实证的研究。

（5）研究重要变量与胜任力的关系。影响胜任力的因素很多，如文化、团队、工作环境、组织情景等。研究不同变量的作用及其相互作用对胜任力和工作绩效的影响，为行业和单位制定政策、提高人员工作绩效提供科学的根据。

第三节　胜任力研究的展望

1. 重视模型的推广应用

大多数研究者主要是通过与某一行业、职业或某一特定的企业、公司、单位相结合进行胜任力建模。应在此基础上把构建的模型运用到人力资源管理体系中，如运用到招聘、培训、薪酬管理、绩效考核等方面。

2. 强化系统性比较研究

目前对胜任力模型的研究大部分局限于某一行业、某一部门、某一职位的人员等，没有对同行业、同部门中不同的人员建立相应的胜任力模型。缺乏对不同行业相同部门、同一行业不同部门的人员胜任力模型之间的比较研究。这种跨行业、跨层级之间的比较研究有助于提升胜任力模型研究的系统性，在实践中的应用更广泛，更具指导意义。

3. 加强组织层面的研究

目前对胜任力模型组织层面的研究还处于起始阶段，主要是针对公司、企业等营利性组织，较少涉及非营利性组织。未来对胜任力模型的研究要从个体的胜任力特征要素中辨识出组织成功的核心要素，也就是对影响组织、工作、职位等关键因素和趋势进行分离，根据实际情况确定组织胜任力要素。

4. 注重个人特质研究

以往的胜任力模型研究主要针对知识、技能等外显能力开展，这对技能型岗位的确有效，但对非技能型岗位的有效性会有所降低。个人特质往往决定其外部的行为特征和发展空间，但难以通过主观评判进行定性研究，因而胜任力模型研究应更加关注人的内在品质和个性的作用。

5. 采用综合的方法构建胜任力模型

从查阅的文献来看，越来越多的研究者在构建胜任力模型时倾向于采用综合的建模方法，即综合应用多种建模方法构建胜任力模型，如孙丽（2005）以问卷调查为主、行为事件访谈和专家小组座谈为辅的方法，建立了航天科研领域专业人员胜任力特征模型；陈万思（2006）利用行为事件访谈与量表调查相结合的方法构建了人力资源管理人员胜任力模型等。在今后的研究中，探求多种方法的优化组合，寻求最佳建模方案将成为研究者努力的方向。

6. 探索和开发更加有效的模型验证方法

尽管目前模型验证的方法较为单一，主要是采用验证性因素分析法对模型内部结构进行检验，但在以后的研究中，模型验证的方法将会越来越完善。现在已经有学者对检验方法做进一步的理论探索，如有学者提出了法则有效性检验法，即在原有模型的基础上引入前因变量或结果变量，构成模型存在的法则关系，通过检验模型与这些外部变量之间的法则有效性，对所构建的模型进行修正。这种以模型的外部检验其本身内部结构的方法将是以后进行模型验证的一种趋势，它很有可能成为一种新型有效的检验方法。

7. 胜任力研究将朝网络化方向发展

未来的胜任力研究不再是对个体或组织的胜任力研究，而是向网络化的方向发展，一个组织将建立包括核心胜任力、专业胜任力、岗位胜任力三个层面的模型。核心胜任力模型体现了组织战略、文化以及产业特性对员工最基本的素质需求，它主要以高层管理者通过战略管理辨别核心胜任力指导组织。专业胜任力模型是从事某一类别的职位所应该具备的素质，它以部门管理通过胜任力管理激发和挑战员工。岗位胜任力模型是从事特定岗位所需要具备的特质，包括专业知识和技能、品质、价值观、动机等特质，它使个体员工以卓越的方式完成工作。这种把专业胜任力特征和岗位胜任力特征的研究与对组织核心胜任力特征的研究相结合的方式将成为日后研究的一大趋势，通过这种网络化研究方式真正实现"战略-职位-个人"三者之间的完美匹配，确保所培养的人才能够满足组织长期发展的需要，而不只是用来填补职位的空缺。

8. 构建的模型将具有前瞻性

胜任力研究将从关注当前的绩效要求转移到未来的绩效要求，也就是说，传统的胜任力建模方法更加注重对员工过去行为的描述，只停留于对过去工作绩效的评判标准，其中以行为事件访谈法最为典型，而随着战略性人力资源管理的发展，未来胜任力建模方法将更加注重那些预期出现的绩效要求，其中最为典型的就是人员导向的职位分析方法，它从优秀员工和组织两方面进行分析以确定岗位胜任要求和组织的核心能力，具有更强的工作绩效预测性。未来的建模方法将越来越趋向于未来导向和战略导向，即按照组织未来发展的要求重构岗位职责和工作任务，确认职务要求，从而使构建的胜任力模型反映出企业战略、文化和未来发展的需求，具备未来性和动态性。

9. 胜任力研究成果将广泛地应用于实践中

随着组织间竞争越来越激烈，对人才的需求将越来越讲究，人力资源管理将面临多项全新的挑战，如怎样构建与组织战略目标和核心能力相一致的员工能力体系、如何培养和开发员工的核心专长与技能等，而胜任力的研究与应用正是从战略的高度解决人与组织的矛盾，因此将来会有越来越多的组织应用胜任力研究进行员工招聘与选拔、绩效考核、薪酬管理、员工培训与发展等人力资源管理工作。随着研究体系的不断完善和研究成果的不断丰富，将来甚至会像国外那样出现专门推广胜任力研究成果的公司，从而全面体现其研究价值。

10. 出现越来越多的胜任力研究团队

综观现有的文献，发现现在很多研究者都是单枪匹马地进行研究，其研究效率相对较低。但是，随着人们对胜任力重视程度的提高，以及其应用频率的增加，由多人组成的研究团队或研究小组将成为研究的一大趋向，这样不仅可以大大提高研究效率，更重要的是可以提高研究质量，从而构建更加科学合理的胜任力模型。

第二篇　实证研究

第四章　调度员岗位胜任力测评概述

第一节　调度员岗位胜任力测评的背景

城市轨道交通是承担城市内部及周边客货运输任务的主要交通方式之一。伴随着我国城市化进程的不断加快，轨道交通凭借其大运量、少污染、低能耗、快速、准时、乘坐方便、舒适等优点，被越来越多的国家重视，已成为世界交通发展的主要趋势之一。近年来，我国城市轨道交通发展迅速，并与城市的社会经济发展逐渐融为一体，这一定程度上反映出我国已经进入城市轨道交通快速发展的关键时期。对此，城市轨道交通安全工作面临着诸多新的挑战，党和国家站在工作大局的角度，也对城市轨道交通安全运行提出了更高要求。因此，确保城市轨道交通安全稳定的责任重大。

高铁调度系统是一个高度复杂的包含人、机、环境的系统，调度员作为整个调度系统的指挥者，对保障高铁运营的安全、高效和准时起着至关重要的作用。已有研究表明，在铁路运输系统中，近80%的事故与人因有关。在调度系统中，调度员每天工作复杂且充满变化，除日常的作业计划调整和交接班等工作外，还要随时面临应急处置、事故预防和施工维修等工作。再加上近些年高铁驾驶自动化的发展，给调度员的工作带来更大的挑战，调度员一旦出现工作上的失误，将会带来不可估量的严重后果。因此，对调度员的工作胜任力进行研究，了解调度员应该具备哪些胜任力特征，才能确保高铁正常高效运营，是从调度系统人因角度提高铁路整体运营安全的关键一步。

因此，本章以调度员为研究对象，基于以下背景展开研究。

（1）调度员的作业安全直接影响铁路系统的运行效率与安全。

调度指挥作业部门是铁路日常运输组织的核心之一，承担着确保运输安全与畅通、组织客货运输、保证重点物资运输等重要职责，特别是在设备故障和突发事件直接影响高铁正常运营的情况下，行车调度能及时、灵活、科学地制定调度调整策略，降低事故风险，对保障高铁安全运营和高效运输起着十分重要的作用。经过20年的发展，我国铁路经历了从自主研发的摸索前行到消化吸收再创新的全过程，其速度快、密度大、技术新、要求严等特点给调度指挥带来严峻挑战（闫子安，2013）。调度员作为铁路运营指挥系统的核心，负责组织指挥列车安全、正点、高效地运行。调度员在实施高铁行车指挥工作时，通过眼睛观察，耳朵收听车站通话，综合视觉和听觉等外界信息做出分析判断，最后通过手和口完成反应动作。这种行为特性是与生理、心理等因素密切相关的，而且存在明显的个体差异，表现出对职业环境适应程度的不同，其作业安全适应性将直接影响高铁的运行效率和安全。

（2）调度员的综合胜任能力受多方面影响，但目前缺乏科学、客观、定量的岗位胜任力测评体系

调度员胜任能力受到其自身业务素质、心理素质、综合能力的影响（吴海涛和罗霞，2014；肖海平，2017；Guo et al.，2020）。因此，在入职选拔时进行岗位胜任力测试，工作中定期对调度员进行胜任力测评，并对存在的作业安全隐患予以干预矫正，是保障调度员作业安全的关键。目前，对调度员的考核主要是上级领导的评判、任务完成情况、纸笔考试、按规定进行职位晋级等方式，这些评价方法延续了很久，但在实际中存在评价指标不全面、不科学和激励效果不佳的问题，已经难以适应现实生产需求。对调度员胜任力的评估需要一套从作业人员心理素质、业务能力、应急处置能力全方位多角度出发，科学、客观、定量的岗位胜任力评价体系。调度员具备哪些胜任力特征才能够顺利完成调度任务，是否能够在相应的岗位上创造出较高的绩效，以及如何根据这些胜任力特征筛选出适合从事高铁调度工作的人员，这是亟待解决的问题。以往基于智力因素的人才测评体系明显无法满足现代高铁行业的需要，因此以职业胜任需求出发的胜任力理论应运而生并得到蓬勃发展。胜任力是研究新型人力资源开发与管理的重要理论与方法，它为人力资源管理实践提供了全新的视角和有效的工具。因此，对调度员进行胜任力的系统性研究是十分必要的。

第二节　调度员岗位胜任力测评的意义

伴随着我国经济的快速增长和城市化进程的不断加快，我国已经进入轨道交通快速发展的关键时期，其安全性问题也日益凸显，一旦发生行车事故，将会给国家和人民带来重大损失。行车事故的原因错综复杂，但依赖于科学技术的不断进步，轨道交通技术设备的安全性和可靠性也日益提高，事故发生的人为因素所占的比例越来越大。

目前我国高铁从业人员的储备明显滞后于城市轨道交通系统的发展，做好后备调度员的科学选拔和培养工作是重中之重。最近几十年间，国外学者对胜任力理论、模型构建、应用与实践方面进行了充分的探讨，取得了大量的优秀成果，而我国胜任力研究主要集中在公务员、教师、医生、企业管理人员等行业，对调度员胜任力特别是高铁调度员胜任力研究较少。高铁行车调度员的胜任力测评不

仅是保证调度员顺利完成调度指挥工作的关键因素，也是进行职业能力测评必不可少的评价指标。基于胜任力的人员选拔，挑选的是具备职业胜任力并能够取得优异绩效的人，而不仅仅是能做这些工作的人。这样就大大减少了以考察知识和技能为主的传统人员选拔所带来的人员雇佣风险，甚至经济损失。因此，对高铁调度员进行胜任力测评有以下几点意义。

（1）有利于维护高铁系统的运行效率与安全。高铁调度员是与轨道交通运行有关的人员中的关键人物，其胜任素质水平的高低直接决定了轨道交通列车能否正常、安全运行以及事故发生的概率。针对调度员的作业特性，结合人因工程学方法，建立调度员岗位胜任力测评方法体系，有助于减少铁路行车事故概率列车晚点的概率及晚点时间，进一步保障铁路运营的安全与效率。

（2）有利于更加客观地对调度员绩效进行评价。以往的职业能力研究主要从智力、知识与技能等方面进行，忽视了真正影响工作绩效的价值观、动机、个性与态度等深层次的胜任力特征，而这些胜任力特征与工作岗位紧密相连，比能力更为复杂，包含动机、特质与自我概念等隐性特征，与动态、复杂的高铁运营管理工作密切相关，对调度员的工作绩效有重要影响。

（3）有利于促进调度员个人能力成长。从调度员个体层面上来说，研究优秀调度员胜任力的构成要素并构建胜任力模型，有助于以此为参照点，加深对自己的了解，了解自身的优势和不足，促使其向优秀调度员看齐，并为个人职业生涯规划提供依据。

（4）有益于完善基于胜任力的调度管理制度。从管理的角度看，有助于铁路部门有针对性地对相关从业人员进行作业安全意识的培养、专业技术的培训和人力资源的管理等，使铁路部门更好地控制人为因素造成的铁路行车安全问题，推进调度指挥作业生产安全管理技术的国际领先化与"走出去"。

第三节　调度员岗位胜任力测评的现状

围绕调度作业安全，美国联邦铁路局在21世纪开展了一系列相关研究。研究以调度指挥作业内容分析、总结、归类为前提，通过生理测试、第三方访谈及问卷调查探讨了作业负荷、压力、疲劳等多项因素对铁路调度员工作的影响，并针对调整倒班制度、分年龄段安排工作岗位、改善工作环境三个方面，从人因工程角度提出了提升调度指挥作业绩效的方法（Gertler，2003）。加拿大、英国、日本等也都开展了类似研究，研究发现应急能力、疲劳程度、工作负荷、心理状况及认知能力对调度指挥作业有显著影响（Grozdanovic et al.，2016；Wilson and Norris，2006）。

　　近年来，国内对调度指挥作业（调度员）的人因风险也开展了研究（陈峰，2013；陈睿玮，2014；刘珊珊和薛锋，2017）。例如，接发车作业过程中，心理健康水平、培训与应急演练、工作经验、疲劳程度和工作压力与车站作业人员的人因失误有较大关联，尤其是在非正常情况下。而针对调度作业，除以上几个因素外，时间压力、人员配置也会对调度指挥作业安全产生影响。

　　对应调度员的作业风险，国内外主要通过定期考核来进行防控。英国除对作业能力进行考核外，还于2011年制定了铁路工作人员非技术技能的培训和评估量表，通过情景意识、交流、决策等方面测试对作业安全心理适应性进行考核（Potthoff et al.，2010）。俄罗斯对在岗地铁调度员定期进行业务技能考察，除基础业务知识外，还包括仿真实操考核。美国联邦铁路管理局除通过问卷测评作业人员的心理健康状态外，还采用相应的测评系统，测试与调度作业相关的感观能力、认知能力及一些特殊的生理特征指标（如听力、视觉）（Roth et al.，2001）。

　　目前，我国铁路系统对调度员的考核主要采用"业务知识考试+基本任务实操测试"的方式，缺乏对调度员人因层面的定量化考核。结合已有研究，国内外已针对影响调度指挥作业安全相关人因因素建立了一些岗位胜任力测评指标与方法，这为本次研究提供了良好的借鉴。本研究参照国内外已有先进经验与方法，针对调度员的作业特点，建立调度员岗位胜任力测评体系，从人因心理角度，提升作业绩效，降低违章、违规、失误率等，保障交通运输安全。

第四节　调度员岗位胜任力测评内容

1. 调度员人因失误诱发机理分析及岗位胜任力测评指标体系研究

　　针对调度员的作业方式与特点，结合人因工程学方法，从调度员的心理适应性（心理健康、人格、抗压与心理稳定性）、认知能力适应性（注意力、记忆力、操作能力等）和作业能力适应性（专业基础知识、实际操作技能、应急处置能力）三个方面分析调度员的人因失误诱发机理，并在此基础上建立调度员的岗位胜任力测评指标体系。

2. 调度员岗位胜任力测评方法研究

　　针对调度员岗位胜任力测评指标体系中的心理类、认知类和作业能力类指标构建相应的评估方法。

　　（1）对于心理类和认知类指标，采用国际人因工程学通用量表和认知能力测验等方法，结合调度员工作特点，建立调度员作业风险心理因素定量化评估方法。

（2）对于作业能力类指标（也即校标绩效），基于调度仿真平台和专业作业能力测评问卷等构建评估方法，实现对作业能力风险类指标的定量评估。

3. 调度员作业风险防控阈值研究

针对某局调度员的测评数据，结合日常调度作业绩效和模拟仿真平台应急处置能力，确定心理、认知、作业能力等方面胜任力测评指标的防控阈值，实现对调度员作业风险的甄别与防控。

4. 针对影响调度员岗位胜任力测评的指标因素，建立干预矫正方法体系

对于定期评估中发现存在工作安全隐患的在岗调度员，针对影响其作业安全的具体因素，结合调度员作业方式以及铁路局调度员人力资源管理方法，采取个性化的干预矫正方案，从心理学专业人员咨询疏导、基本作业认知能力专项训练、仿真平台指定应急场景专项能力提升训练等多方面构建调度员安全隐患干预矫正方案体系。基于干预矫正方案体系，进行心理干预调节和知识技能强化，直至测试成绩合格且稳定，以指导恢复调度员的作业安全水平。

第五节　调度员岗位胜任力测评方案

本节拟沿着调度员岗位胜任力测评、选拔与提升系统研发的技术路线予以开展。具体为：测评指标的初步确定→测评系统开发及信效度检验→测评指标确定→选拔与在岗定期测评模型构建→干预、提升技术方案→系统设计与开发。详细研究技术路线如图4-1所示。具体实施步骤如下：

（1）现场走访调研，会同铁路局调度员、专家型作业人员，针对调度指挥作业方式特点，确定诱发调度员作业风险的因素。

（2）结合（1）中分析确定的因素，从心理适应性、作业能力适应性两方面确定调度员岗位胜任力测评指标体系。

（3）结合人因工程学相关理论方法，在自主开发心理类指标测试设备的基础上，结合大型仿真平台设备，确定作业风险定量化评估方法。

（4）面向铁路局，大样本量采集调度员数据，基于人因工程大数据挖掘技术，分析确定调度员作业风险防控指标阈值。

（5）针对各评估指标的实际意义，结合铁路局的相关管理制度、规章文电、职教方法，运用人因工程学相关原理方法，分别针对个体性调度员作业安全风险、群体性调度员作业安全风险，研究提出相应的风险干预训练措施。

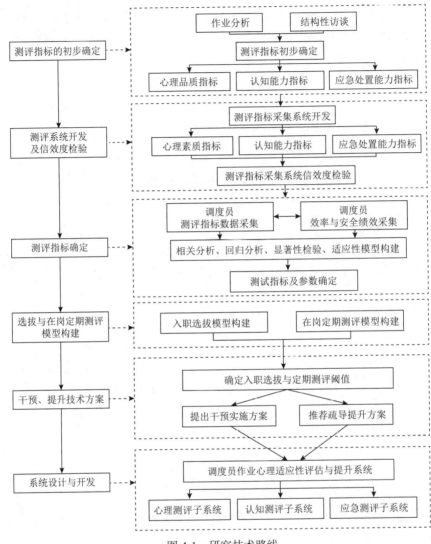

图 4-1　研究技术路线

第五章　基于工作分析和结构访谈的调度员岗位胜任力模型

第一节　调度员作业特征及其认知成分分析

在复杂的人机交互调度系统中，调度员为了保证运输任务安全、高效地完成，需要从多种感觉通道接收外界信息，并对这些信息进行认知加工，最终输出特定的操作。因此，了解调度员的作业流程及要求，分析影响调度员最终操作输出的心理品质及认知加工过程对作业安全至关重要。

通过前期走访调研与调度员作业密切相关的职能部门和岗位，在对调度员作业流程进行深入了解的基础上，把调度员作业分为交接班、应急处置、计划调整、施工维修、事故防范五大类型。利用作业特征及其认知成分分析方法，分析各作业类型涉及的具体作业要求、信息输入通道、心理品质的影响、认知加工过程以及特定的输出方式等，以初步确定调度员作业风险评估指标。具体分析如图 5-1 所示。

一、交接班

（1）了解管辖区段天气情况，检查各车站有无异常情况，该项作业需要调度员具有尽责性，并且具有较强的职业求胜动机。

（2）通过电话记录列车手持机号码，并检查通话质量，该项作业需要调度员具有尽责性，沟通过程中需要调度员具有宜人性，记录手持机号码过程需要短时记忆能力。

（3）认真填写交接班记录，查看注意事项；查看施工日计划，确定施工时间、地点、内容、影响范围；认真阅读交接班计划。该作业任务需要调度员具有尽责性。

（4）接班后，需要登录调度指挥系统本人 ID（身份标识号，identity document），放置本人上岗牌及调度合格证，鼠标不用时注意将鼠标放置于安全岛，该项操作需要调度员具有尽责性及前瞻性记忆能力。

调度员在该项作业过程中，信息输入通道为视觉通道和听觉通道，输出方式为空间动作和言语加工。影响该作业过程的心理品质有职业动机（求胜任性）、性格特征（宜人性和尽责性），基本认知能力有前瞻性记忆能力、短时记忆能力。

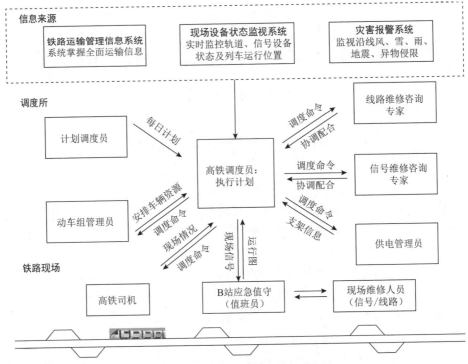

图 5-1　高铁调度员作业特性分析

二、应急处置

（1）调度员需在调监屏上注意危险紧急情况，该作业过程涉及调度员的注意力、持续性注意、空间注意定向、注意广度、视觉搜索等和注意有关的基本认知能力。

（2）发现危险情况后需和车站积极沟通，详细了解现场情况，该项作业需要调度员性格具有宜人性。

（3）简洁准确地联系司机通报信息，严格按规定程序进行处置，该过程需要调度员在外界干扰下头脑清醒地作业，该项作业需要调度员职业动机具有求胜任性、性格特征中具有情绪稳定性，并具有良好的抗压能力，以及多项任务并行下的任务切换、视觉空间工作记忆广度、数字工作记忆广度等基本认知能力。

（4）预先考虑列车的停放计划，该项作业需要调度员具有良好的逻辑推理能力。

（5）通知相关部门进行抢修，通过调整运行计划便于抢修部门进入维修和离开，该项作业涉及调度员的逻辑推理能力。

（6）抢修完成后，调度员需恢复运行秩序，该过程涉及调度员的逻辑推理能力。

　　该作业过程的信息输入通道主要为视觉通道和听觉通道，在认知加工阶段涉及注意力、持续性注意、空间注意定向、注意广度、视觉搜索、任务切换、视觉空间工作记忆广度、数字工作记忆广度，输出方式为空间动作和言语加工。影响应急处置作业的心理品质有抗压能力、职业动机（求胜任性）、性格特征（宜人性、尽责性、情绪稳定性）、智力水平。

三、计划调整

　　（1）计划调整任务需要调度员准确铺画列车运行时间，严格遵守运行间隔时间，熟悉各站场布局，需要调度员具有良好的逻辑推理能力、工作记忆刷新能力。

　　（2）按列车等级合理安排会让，了解现场情况并及时与现场及邻台沟通，该过程需要调度员性格具有尽责性和宜人性特征，并且具有良好的逻辑推理能力。

　　该作业过程调度员接收信息的输入通道主要为视觉通道和听觉通道。对信息进行认知加工的过程有工作记忆等，输出方式为空间动作和言语加工。计划调整作业需要的心理品质为性格特征中的尽责性、宜人性，以及良好的逻辑推理能力。

四、施工维修

　　（1）施工维修前调度员需详细了解施工维修计划，准确掌握施工维修影响范围，该过程涉及调度员性格特征中的尽责性，以及工作记忆、前瞻性记忆能力。

　　（2）掌握准确信息后，拟写调度命令，认真与现场核对调度命令，严格按程序做好施工前后的准备工作，该过程需要调度员的性格特征中具有尽责性和宜人性。

　　调度员完成该项作业过程主要从听觉通道和视觉通道接收信息，对信息进行认知加工的过程有工作记忆、前瞻性记忆，输出方式为空间动作和言语加工。影响该作业过程的心理品质有性格特征中的尽责性和宜人性。

五、事故防范

　　（1）监视列车运行及线路情况，监视自然灾害报警系统，监视各站进路序列情况，该过程需要调度员的操作广度、持续性注意、注意广度、视觉搜索、空间工作记忆更新能力。

　　（2）报警提示框弹出后，需认真核对提示框，为保证调度员不会误点"确定"按钮而错过重要信息，该过程需要调度员具有良好的反应抑制、习惯优势抑制能力，以及良好的尽责性性格特征，还需具有良好的抗压能力。

　　在进行事故防范的作业过程中，调度员接收报警信息的通道主要为视觉通道，该过程涉及的认知加工过程有注意广度、视觉搜索、持续性注意、空间工作记忆更新、反应抑制、习惯优势抑制，输出方式为空间动作。影响该作业过程的心理品质有抗压能力和职业动机中的求胜任性及性格特征中的尽责性。

为了方便理解，特将调度员工作特征及认知成分分析的内容列成表格，见表 5-1。

表 5-1 调度员作业特征及其认知成分分析

作业分类	作业要求	输入通道	认知加工	输出方式	心理品质影响
交接班	时间观念强，尽责性强，自律性强，按规定要求充分休息，注意了解新发电报文件，认真铺画下一阶段运行计划，认真核对日班计划，检查行车设备有无异常及变化，掌握重点列车及晚点列车，按规定完成交接程序	视觉、听觉	前瞻性记忆能力、短时记忆能力	空间动作、言语加工	职业动机（求胜任性）、性格特征（宜人性、尽责性）
应急处置	果断拦停列车，详细了解现场情况，简洁准确地通报信息，严格按规定程序进行处置，预先拟写可能需要的调度命令，不被外界干扰，头脑清醒，安全意识清晰，反应及时，判断准确	视觉、听觉	注意力、持续性注意、注意广度、视觉搜索、空间注意定向、任务切换、视觉空间工作记忆广度、数字工作记忆广度	空间动作、言语加工	抗压能力、职业动机（求胜任性）、性格特征（宜人性、尽责性、情绪稳定性）、智力水平
计划调整	准确铺画列车运行时间，严格遵守运行间隔时间，熟悉各站场布局，按列车等级合理安排会让，了解现场情况并及时与现场及邻台沟通	视觉、听觉	工作记忆	空间动作、言语加工	性格特征（尽责性、宜人性）、逻辑推理能力
施工维修	详细了解施工维修计划，准确掌握施工维修影响范围并封锁，准确拟写调度命令，认真与现场核对调度命令，严格按程序做好施工前后的准备工作	视觉、听觉	工作记忆、前瞻性记忆	空间动作、言语加工	性格特征（尽责性、宜人性）
事故防范	认真核对报警提示框，监视列车运行及线路情况，监视自然灾害报警系统，监视各站进路序列情况	视觉	注意广度、视觉搜索、持续性注意、空间工作记忆更新、反应抑制、习惯优势抑制	空间动作	抗压能力、职业动机（求胜任性）、性格特征（尽责性）

通过对调度员作业特征及其认知成分的分析，初步判断调度员选拔与评估指标包括 4 项心理品质评估指标（知觉压力、职业动机、人格特质、智力水平）、12 项基本认知能力评估指标（数字工作记忆、空间工作记忆、持续性注意、视觉搜索、注意广度、多目标追踪、任务切换、抑制判断、风险决策、工作记忆、认

知灵活性、前瞻性记忆）、2 项应急处置能力评估指标（占用、丢失）。

第二节　调度员岗位胜任力访谈的方法和程序

为更直接了解影响调度员岗位胜任力的因素，采用结构化访谈分析方法，从调度员的主观角度了解调度指挥工作所需的基本素质。遵循自愿同意原则，对成都铁路局在岗调度员（主调、助调）和中国铁路总公司培训班调度员（主调、助调）进行访谈。被访谈的调度员平均在铁路系统工作 13 年，平均从事铁路调度工作 5 年，平均经历了 4 个不同的工作岗位。本轮访谈主要以适应性冰山模型（图 5-2）为理论指导，采用行为事件访谈法。

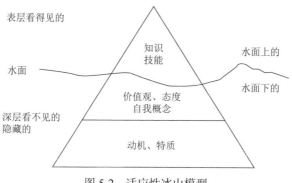

图 5-2　适应性冰山模型

一、被试

本次研究访谈对象来自成都铁路局，共计访谈了 32 名高铁调度员，选择调度员的标准有：①目前工作在一线的调度员；②工作 2 年以上，有丰富的工作经验；③在任调度员期间无较大调度处理不当事故。

二、工具与方法

采用行为事件访谈法作为主体流程进行访谈，让调度员针对其工作经历，回想并详细说明自己处置成功和处置失败的三个关键性应急事件，访谈过程中配合STAR 技术，深入访谈包括应急事件的情境（situation）、调度员在其中的任务（task）、调度员做出了什么行动（action）和最终的结果（result）如何。除此主体行为事件访谈外，还包括个人经历部分（了解被访者的个人简历与职业动机）和职业胜任素质部分（得到关键事件访谈时忽略的信息）。在访谈过程中全程录音，录音使用专业录音笔，并将录音全部整理成文字稿。语义编码使用 ATLAS.ti

8 软件进行。

三、研究程序

1）组成访谈小组

访谈小组由一名长期从事质性分析、有丰富访谈经验的专家和四名硕博士研究生组成，所有研究生在开展正式访谈前接受访谈专业培训，并且每人都有累计15 人以上的普通铁路调度员访谈经验积累。

2）预访谈

挑选两位经验丰富、业务水平高的高铁调度员进行预访谈，针对预访谈文本的结果，结合任务分析法，综合多方面资料（文献、观察、访谈、问卷等形式获取），做出工作分析表格（表 5-2）。工作分析表格有助于我们了解调度员岗位的具体职责范围、工作内容、工作各项内容的重要性等级等。基于此，对调度工作有一个全面立体的了解。

表 5-2　工作分析表示例

序号	操作终端	岗位	工作内容	知识 K	技能 S	能力 A	特质 T	其他
1	运行图子系统	列车调度员	（1）接受调度日计划，按日计划生成基本图； （2）调整列车运行计划和到发线使用； （3）手工划线、绘制行车限制令及注解、修改列车运行线特性等； （4）下达列车运行调整计划； （5）与相邻台交换列车运行计划	K0101（5） K0102（5） K0103（5） K02（5） K03（5） K04（4） K05（5） K06（5） K07（4）	S01（5） S02（4） S03（5） S04（5）	A01（5） A02（5） A03（5） A04（5） A05（5） A06（5） A07（5） A08（5） A09（5） A10（4）	T01（5） T02（5） T03（5） T04（5） T05（5） T06（5） T07（5）	
2	控制显示终端子系统	助理调度员	（1）控制模式转换； （2）人工进路办理与取消、信号开放与取消； （3）线路和道岔封锁与解锁、接触网有（无）电状态标记； （4）反向行车办理； （5）调车作业计划编制与下达	K0101（5） K0102（5） K0103（5） K02（5） K03（5） K04（4） K05（4） K06（5） K07（4）	S01（5） S02（5） S03（4） S04（4）	A01（5） A02（5） A03（5） A04（5） A05（5） A06（5） A09（5） A10（4）	T01（5） T02（5） T03（5） T04（5） T05（5） T06（5） T07（5）	

表 5-2 中，根据重要性的评估为 KSAT（knowledge，skill，ability，trait）各题项赋值：1 表示不是很重要（了解其存在）；2 表示一般重要（知其然）；3 表示比较重要（熟知/熟练操作）；4 表示很重要（熟知/熟练操作且知其所以然）；5 表示非常重要。

KSAT 列举——知识（K）：

K01 熟练掌握规章和基础知识。

K0101 规章制度：《技规》《调规》《事规》《统规》《行规》《所细》有关调度指挥内容。

K0102 有关调度指挥的文件、电报、规定、措施、办法等。

K0103 基础知识：管辖区段内客货列车对数、车次、牵引定数、换长、牵引机型等；管辖区段内站……管辖区段内货物列车避免停车站，调车机、补机分工；列车运行图填记内容及标准（手工作业时）；TDCS 及 TMIS 系统操作等。

K02 熟悉高铁列车调度指挥系统工作原理。

K03 熟悉高铁列车调度指挥系统的构成。

3）实施访谈

访谈安排在被访谈者所属单位办公室进行，访谈过程严格按照"行为事件访谈提纲"的内容和要求来操作。访谈小组依据访谈提纲进行访谈，经访谈对象同意后全程录音。调度员对行为事件的描述必须包括一个完整事件的所有要素，即事件的起因、结果、时间、相关人物、当时的感受、想法、行动以及情感，以揭示其胜任工作的能力。特别是那些潜在的能够对工作绩效产生预期作用的个人特质。每人的谈话时间最长为 90 分钟，最短为 30 分钟，平均时间为 60 分钟。

4）访谈结果编码

首先将访谈录音整理为文稿。四位访谈小组成员接受系统的编码培训，详细学习调度员工作分析的相关信息即调度员工作背景、工作状态和工作内容等信息。预编码：开始试编码过程，四人同时先对 1 份访谈文本进行编码，然后在专家指导下进行反复讨论，对不合理的编码进行更改、增加或删减直到小组内部对编码的意见接近统一，再继续进行第二轮试编码，为了保证足够的练习量和编码结果的统一，共进行三轮试编码。正式编码：最终依据编码小组试编码的结果，选取编码一致性最高的两位成员作为正式编码小组开始正式编码。访谈内容文本编码示例如表 5-3 所示。

表 5-3　编码示例

编号	具体行为（STAR 简述）	编码	群组归类
1	……我这边也有车等着，热备车其实就可以进行下一步的工作，实质上在你当时第一反应扣车的时候，你就要想为后面下一步做准备……很多时候要做这一步就想到下一步，甚至下下步的工作	思维系统	"大局观"系统性思考

续表

编号	具体行为（STAR 简述）	编码	群组归类
2	因为十几辆车不可能在一个车站摆得下，现在摆不下了，区间里面摆着，停在哪里，停了多久……最主要是不要把车放在区间，如果你车站故障，你接不进去，摆到区间，这个是很危险的，摆到车站是最安全的，列车首先是摆在车站，不能摆到区间，摆到区间就危险	情境意识	情境判断能力
3	当时我就是按两个故障分别处置，我就按两个单独的事故处置……规章没有明确说明这个命令必须发给车站，在非常作业下是我们调度员控制的……	灵活处置	应变处置能力
4	任何情况下不慌，特别是应急的时候，越慌越容易出错，知道自己该做什么，处置得井井有条，第一步该做什么，第二步该做什么心里面有底，然后心里面有思路怎么做	沉着冷静	心理素质
5	对高铁整个系统的认识吧，高铁是 c2 到 c3，你得对每一个专业的设备有一定程度的了解，了解之后你才能推定它到底是一个什么样的情况，预计影响范围有多大，然后才能考虑到下一步的工作怎么开展	熟悉设备/系统的基本原理和构成	设备操作与运用
6	出现非正常的情况时有担当，当现场提出一种不是很合理的要求时，可以提出修正，哪怕影响行车效率，也要保障安全，如情况不明就必须拦停列车，不能带有疑问去放车，而且能扣到站内一定要扣到站内	安全意识	安全责任意识

5）数据处理

依据编码结果，编码数据库在 ATLAS.ti 8 软件中整理计算后导出，后续使用 SPSS 22.0 进行数据处理。

6）概括胜任力特征

依据形成的编码群组内的各类编码条目，概括总结编码群组内所有编码的特征类型，对编码群组的名称进行小组内讨论和更改，最后确定编码群组名称，由此形成高铁调度员胜任力特征。

第三节　调度员岗位胜任力访谈的结果与分析

一、信度分析

采用编码者归类一致性及相关系数作为编码信度。归类一致性（category agreement，CA）是指编码者之间对相同访谈资料的编码归类相同的个数占编码总个数的百分比。如用 T1 代表编码者甲的编码个数，T2 代表编码者乙的编码个数，T1∩T2 代表编码者编码归类相同的个数，T1∪T2 表示编码者各自编码个数的和，则计算公式为

$$CA=2×T1∩T2/T1∪T2$$

在所有被访谈的 32 位被试中，选取两位编码者共同编码的 6 位被试的编码数据库进行归类一致性信度计算，计算结果如表 5-4 所示，访谈的主体部分行为事件访谈编码归类一致性平均为 66.43%，整体编码归类一致性为 69.72%。这表明两位编码者的编码一致性程度满足要求，整体编码的一致性是可靠的。

表 5-4 编码归类一致性信度

相同编码被试	行为事件访谈编码归类一致性/%	整体编码归类一致性/%
被试 1	64.86	68.24
被试 2	77.78	79.49
被试 3	61.90	69.31
被试 4	64.00	66.67
被试 5	74.51	71.50
被试 6	63.16	68.24
被试 7	58.82	64.62
平均值	66.43	69.72

编码者编码频次相关系数检验是指计算两位编码者对各胜任力编码总频次之间的 Pearson 相关系数，结果显示，所有胜任力编码群组总频次均存在相关性（$r=0.87$，$p<0.001$），这进一步说明整体编码的结果是可靠可信的，能够满足信度要求。

二、调度员岗位胜任特征

所有编码完成之后，编码小组对所有编码再进行统一修订和整理，结合工作分析的结果，辨别、区分文本中出现的行为指标，并进行正式的归类，将同类型的编码归类至同一编码群组中，初步依据编码归类对编码群组进行命名，如"及时发现问题所在"和"及时拦停保证安全"都归类到"第一应急反应"的编码群组中，最后共形成 35 个编码群组，如表 5-5 所示的 35 个胜任力群组。

表 5-5 高铁调度员胜任力群组

编码群组	总频次排序
特质性态度	1
专业相关知识	2
流程标准掌握与运用	3

续表

编码群组	总频次排序
现场重视与监控	4
安全意识	5
心理素质	6
经验积累	7
沟通能力	8
组织与协作能力	9
"大局观"-系统性思考	10
反应能力	11
"第一反应"与认知效率	12
特质性能力	13
规章运用能力	14
职业兴趣与价值认同	15
复盘总结	16
学习能力	17
计划响应能力	18
工作态度	19
应变处置能力	20
情境判断能力	21
思维特质	22
角色认知与定位	23
信息获取与管理	24
设备操作与运用	25
个性特征	26
时间管理能力	27
决策权威度	28
工作准备图式	29
抗压策略	30
人际关系	31
身体素质要求	32
工作适应能力	33
遵章守纪	34
多任务并行能力	35

依据专家组（包括铁路局调度部门领导、星级优秀调度员、学科专家和心理学专业从业者）的意见，对得到的 35 个胜任力群组进一步整合和修订。胜任力一般被认为包括知识、技能、动机、态度和价值观等。在构建高铁调度员胜任力特征时，结合本研究结果与专家组的建议将高铁调度员胜任力特征分为四个维度：能力、技能、态度和特质（表 5-6）。

表 5-6　高铁调度员胜任力特征

一级指标	二级指标	三级指标
能力	"大局观"-系统性思考	思维全面、思维系统、顾全大局
	"第一反应"与认知效率	直觉性思维、认知效率、思维敏捷性
	多任务并行能力	有序处理多项事务
	反应能力	迅速判断、及时响应
	复盘总结	总结能力、取长补短、理清责任
	工作适应能力	适应工作负荷、适应工作环境
	工作准备图式	工作规划能力、认知结构与图式
	沟通能力	表达和理解能力、沟通技巧和艺术、问题追问与落实
	计划响应能力	计划能力、主次意识、方案寻优
	情境判断能力	情境意识、整合性思维、识别与判断
	人际关系	换位思考能力、识别和理解情绪能力、人际沟通能力
	特质性能力	抗干扰能力、专注、果断性、记忆力、自律能力
	时间管理能力	时间观念
	学习能力	自主学习能力、自省能力、吸收掌握理论知识
	应变处置能力	思维灵活性、折中变通能力、应变能力
	组织与协作能力	组织能力、冲突处理能力、协调合作能力
	思维特质	强逻辑思维、对细节的关注、思维清晰
技能	规章运用能力	对规章的再认与提取、规章意识与执行力、平衡现场与规章
	流程标准掌握与运用	熟知事件处理流程、执行作业标准
	设备操作与运用	熟悉设备/系统的基本原理和构成、操作方法及流程
	现场重视与监控	现场意识、熟悉现场实际情况、现场监控与追踪
	信息获取与管理	及时全面获取信息，信息加工、甄别、准确传递
	专业相关知识	各类规章制度
	遵章守纪	遵守组织纪律
	经验积累	学习他人先进经验

一级指标	二级指标	三级指标
态度	角色认知与定位	角色定位、角色认知、价值认知
	决策权威度	责任意识、主导意识、独立决策
	特质性态度	主动性学习、责任心、工作严谨性
	职业兴趣与价值认同	职业成就感、职业兴趣度、使命感
	安全意识	安全责任心
	工作态度	积极的工作态度
特质	个性特征	外倾性、坚韧乐观、自信
	抗压策略	心态调整、运动解压
	身体素质要求	体能负荷、物理适应
	心理素质	心理弹性、情绪稳定、心态平和

三、胜任力特征分析

　　高铁调度员胜任力模型结果显示，调度员胜任力包含四个方面，共计35项胜任力，能力部分共包含17项胜任力特征（图5-3）。具体而言，"大局观"-系统性思考是指调度员无论在日常工作还是应急处置时，能够关注整体局面，综合考虑多方面的因素，目光放得长远，每进行一步都能够考虑后续影响，包括思维全面、思维系统、顾全大局等要求；"第一反应"与认知效率是指在处理应急事件时，在丰富的知识和经验基础上，快速"直觉"反应和形成初始处置策略的能力，包括直觉性思维、认知效率、思维敏捷性等要求；多任务并行能力是指调度员能够同时有序处理多个事件；反应能力是指调度员依托其固有知识经验储备，在面对异常或动态变化的事件时快速反馈处理的能力，包括迅速判断、及时响应等要求；复盘总结是指行动后的反思或回顾，将应急处置的过程进行逐一的回顾，寻找原因，并反思当时为什么那么做，有没有更好的办法可以改进，包括总结能力、取长补短、理清责任等要求；工作适应能力是指适应工作负荷、适应工作环境；工作准备图式是指工作规划能力、认知结构与图式；沟通能力是指调度员能够简洁、高效地进行信息交流与反馈，熟悉沟通流程，明确沟通要点，运用一定的沟通技巧，减少沟通摩擦，并能及时处理沟通中出现的矛盾与问题，包括表达和理解能力、沟通技巧和艺术、问题追问与落实等要求；计划响应能力是指调度员在相关约束条件的限制下计划一种或多种处理方案，在方案评估时，能够明确优先处置目标，减少处置周期，选择最优方案执行以达成目标要求，包括计划能力、主次意识、方案寻优等要求；情境判断能力是指在发生应急事件时，高铁调度员通过各类信息整合，对当前情境形成总体判断和认知，对情境的正确判断和对风险的准确评估有助于调度员做出合理的调度指令，包括情境意识、整合性思维、识别与判断等要求；人际关系是指高铁调度员在与相关人员协作过程中，具有理解、换位思考的认知能力，并运用恰当的沟通、情感、情绪控制技巧，建立一种有利于工作推进的和谐人际氛围，包括换位思考能力、识别和理解情绪能力、人际沟通能力等要求；特质性能力是指高铁调度员在完成一项目标或任务过程中所体现出的行为倾向的程度差异，包括抗干扰能力、专注、果断性、记忆力、自律能力等要求；时间管理能力是指高铁调度员在应急事件处理过程中具有时间观念，通过合理规划使得事件影响降低到最小，提高处置效率；学习能力是指获取新信息、学习新知识，从而及时更新和提升自身知识、技能储备的能力，包括自主学习能力、自省能力、吸收掌握理论知识等要求；应变处置能力是指能够综合不同的要求和限制条件，灵活变通地制定策略，并能根据情况的实时变化，动态调整处置策略，包括思维灵活性、折中变通能力、应变能力等要求；组织与协作能力是指在日常工作中，尤其是处理应急事件时对工作任务进行统筹、分配，同时控制、激励和协调合作人员的工作活动，使之相互融合，从而实现组织目标的能力，包括组织能力、冲突处理能力、协调合作能力等要求；思维特质是指调度员在分析、决策等高级认知过程中所展现出的视角、方式、方法等特质状态，包括强逻辑思维、对细节的关注、思维清晰等要求。

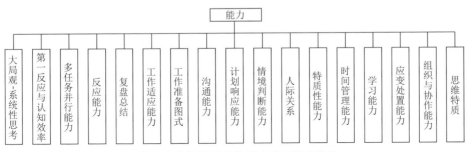

图 5-3　高铁调度员胜任力特征能力维度

技能部分共包括 8 项胜任力特征（图 5-4）。规章运用能力是指在日常工作中，尤其是处理应急事件时，能够快速选择适用的规章条例并严格执行，同时能够根据现场情况与规章要求，熟练运用规章，包括对规章的再认与提取、规章意识与执行力、平衡现场与规章等要求；流程标准掌握与运用是指熟知事件处理流程、执行作业标准；设备操作与运用是指掌握高铁系统设备或相关知识，能够熟练操作，包括熟悉设备/系统的基本原理和构成、操作方法及流程等要求；现场重视与监控是指处理应急事件时，以现场情况为主要依据，重视现场情况，保证对现场的熟悉和实时监控等；信息获取与管理是指及时全面获取信息，信息加工、甄别、准确传递等；专业相关知识是指运用各类规章制度等；遵章守纪是指遵守组织纪律等；经验积累是指经验积累、学习他人先进经验等。

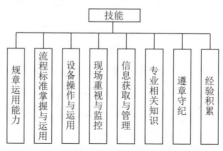

图 5-4　高铁调度员胜任力特征技能维度

态度部分共包含 6 项胜任力特征（图 5-5）。角色认知与定位是指调度员具有较为准确的角色认知，正确分析和认识自己的定位能力；决策权威度是指高铁调度员制定的决策具有正当的权力属性，能够不受干扰地独立决策，并且决策能够得到服从和支持，包括责任意识、主导意识、独立决策等要求；特质性态度是指调度员在完成一项目标或任务过程中所体现出的心理倾向的程度差异，包括主动性学习、责任心、工作严谨性等要求；职业兴趣与价值认同是指调度员对工作和工作发生的情境的偏好，以及职业与个人价值取向的一致性；安全意识是指任何工作阶段以保障列车的安全为首要目标；工作态度是指积极地对待工作，尽力负责地做好每一件事。

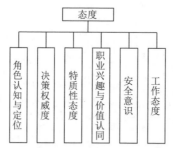

图 5-5　高铁调度员胜任力特征态度维度

特质部分共包括 4 项胜任力特征（图 5-6）。个性特征包括外倾性、坚韧乐观、自信等性格特征；抗压策略是指调度员在工作中采用合理的方式自我调节，妥善处理压力等，即情绪、行为及生理等方面的缓解；身体素质要求是指调度员的身体健康水平、体能负荷水平，也是体质强弱的外在表现，包括体能负荷、物理适应等要求；心理素质是指调度员在日常工作中心态平和、情绪稳定，在应急处置时保证不过度紧张、具有较好的心理弹性。

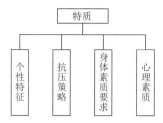

图 5-6　高铁调度员胜任力特征特质维度

第四节　基于调度工作适应性的胜任力模型

高铁调度员的工作内容主要包含交接班作业、运行计划调整、应急处理、施工维护和事故预防。运行计划调整具体包括进行各班列车运行规划编制、调整和颁布，各项调度命令的起草和下达，以及列车运行线路的排列和调控，其中涉及大量的信息接收、反馈和处理流程。综合来看，整个调度系统是一个信息处理中枢，而调度员作为这个中枢的核心，其自身的信息处理水平可以决定整个系统是否在人、机、环境上处于最佳匹配状态。本节结合有关高铁调度员胜任力特征研究成果，基于认知心理学和人因工程学原理，构建高铁调度员适应性胜任力模型（图 5-7）。

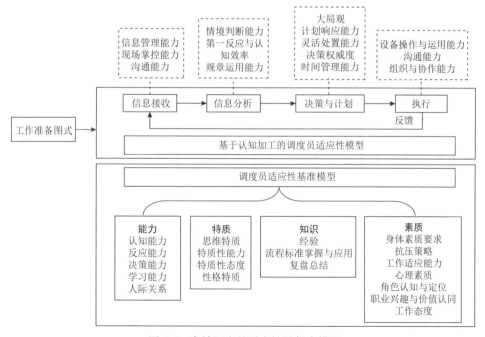

图 5-7　高铁调度员适应性胜任力模型

由图 5-7 可知，在调度员日常作业和应急处置时，包括调度员自身的心理品质、业务知识、技术能力和职业态度都能够影响到整个调度指挥系统，关系着高铁的运营安全与效率。同时，在不同的工作认知阶段，所需要具备的胜任力特征也不尽相同。目前高铁列车调度集中系统（centralized traffic control，CTC）自动化程度的提高，缓解了调度员日常作业的负荷和强度。但本节调度员胜任力适应性模型表明，面对随时可能出现的应急处置状况，对信息的持续关注和收集是决策和执行的重要前提，随后的计划、决策与执行阶段的成效都会受到这一阶段的影响。因此，这也为高铁系统科学安全管理和设计提供了新视角。

根据以上通过行为事件访谈所得的调度员适应性基准模型中的能力、特质和素质指标，结合以下原则提取量化适应性系统测评指标：①指标可量化；②有较高信效度的测评工具；③侧重从心理和认知角度构建胜任力量化测评系统；④知识维度主要包括调度员具体作业任务，将作为工作绩效指标呈现。

因此，综合调度员作业分析和行为事件访谈的胜任力模型，并结合相关文献，最终初步确定了调度员风险评估的 7 项心理品质指标、12 项基本认知能力评估指标和 3 项绩效指标（绩效指标综合了调度作业的多项技能指标），如图 5-8 所示。

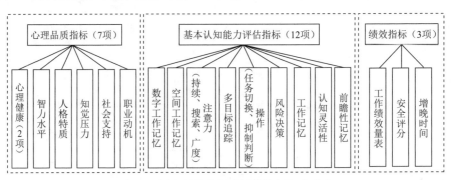

图 5-8　调度员作业风险评估指标初步确定

第六章　调度员心理适应性系统量化指标的测评方法

第一节　调度员心理适应性指标的评估方法

一、调度员心理品质指标评估方法

评估心理品质主要是测试调度员心理健康状况、职业动机、人格特征和智力水平等，并评估其心理方面的潜在作业风险，主要使用国际通用量表进行测量（Cohen et al.，1995；Costa and Mccrae，2008；Samakouri et al.，2012；Zung，1965）。各项心理品质指标具体如下。

1）抑郁

抑郁是心理健康状况的重要一环，以显著而持久的心境低落为主要特征，是心境障碍的主要类型。情绪的消沉可以从闷闷不乐到悲痛欲绝、自卑抑郁，甚至悲观厌世，可有自杀企图或行为，甚至发生木僵。抑郁状态包括情绪低落、兴趣缺乏、乐趣丧失，抑郁发作包含许多心理学症状。抑郁发作的主要表现如下。

（1）心境低落：显著而持久的情感低落。

（2）思维迟缓：思维联想速度缓慢，反应迟钝，思路闭塞。

（3）意志活动减退：行为缓慢，生活被动、疏懒，不想做事，不愿和周围接触交往，常独坐一旁，或整日卧床，闭门独居、疏远亲友、回避社交。

（4）认知功能损害：近事记忆力下降、注意力障碍、反应时延长、警觉性增强、抽象思维能力差、学习困难，语言流畅性差，空间知觉、眼手协调及思维灵活性等能力减退。

（5）躯体症状：睡眠障碍、乏力、食欲减退、体重下降、便秘、身体任何部位的疼痛等。

调度员心理适应性系统采用抑郁自评量表（self-rating depression scale，SDS）作为测量行车调度员抑郁症状的工具，该量表已被国内外学者广泛应用，在以往研究中表现出很好的信效度。抑郁自评量表共包含 20 个项目，使用简便，能直观地反映被测人员的主观感受，其中高分者表现为情绪低落、思维迟缓、消极悲观等。量表采用 Likert-4 级打分方式，1 分表示没有或很少时间，2 分表示少部分时间，3 分表示相当多时间，4 分表示绝大部分时间或全部时间。

2）焦虑

焦虑是对生命安全、前途命运等的过度担心而产生的一种烦躁情绪，其中含有着急、挂念、忧愁、紧张、恐慌、不安等成分。它与危急情况和难以预测、难以应付的事件有关，事过境迁，焦虑就可能解除。有人并无客观原因而长期处于焦虑状态，常常无缘无故害怕大祸临头，担心患有不可救药的严重疾病，以致出现坐卧不宁、惶惶不安等症状。

焦虑也是指个人对即将来临的、可能会造成的危险或威胁所产生的紧张、不安、忧虑、烦恼等不愉快的复杂情绪状态。焦虑本身是人类一种正常的情感反映，但是过度的或过弱的焦虑就会形成情感性或生理性疾病。焦虑的客观目的在于引导人如何迅速采取各种措施，紧急调动各种价值资源，以有效地阻止现实或未来事物的价值特性出现严重恶化的这种趋势，使之朝着利好的方向发展。

调度员心理适应性系统采用焦虑自评量表（self-rating anxiety scale，SAS）作为测量行车调度员焦虑症状的工具，该量表已被国内外学者广泛应用，在以往研究中表现出很好的信效度。与抑郁自评量表类似，焦虑自评量表共包含 20 个项目，使用简便，能相当直观地反映被测人员的主观感受，其中高分者表现为急躁不安、注意力不集中、紧张易怒等。量表采用 Likert-4 级打分方式，1 分表示没有或很少时间，2 分表示少部分时间，3 分表示相当多时间，4 分表示绝大部分时间或全部时间。

3）智力水平

智力是指人认识、理解客观事物并运用知识、经验等解决问题的能力，包括记忆、观察、想象、思考、判断等，反映了个体对生活中新问题和新条件的心理上的一般适应能力。

调度员心理适应性系统采用瑞文标准推理测验（Raven's standard progressive matrices，SPM），它由英国心理学家瑞文（Raven）于 1938 年创制，在世界各国沿用至今，用以测验一个人的观察力及清晰的思维能力。按逐步增加难度的顺序分成 A、B、C、D、E 五组，每一组包含 12 道题目，也按逐渐增加难度的方式排列。每道题由一幅缺少一小部分的大图案和作为选项的 6~8 张小图片组成。测验中要求被测人员根据大图案中图形间的某种关系（这正是需要被测人员去思考和发现的），看小图片中的哪一张填入（在头脑中想象）大图案中缺少的部分最合适，主要用于智力的了解和筛选。在此测验上的得分越高，说明逻辑推理能力越强，即特定方面的智力水平越高。

4）人格特质

人格特质是一种能使人的行为倾向表现出一种持久性、稳定性、一致性的心理结构，是人格构成的基本因素。这些特质越稳定，在不同情况下出现的频率越高，在描述个体行为时就显得越重要。20 世纪 80 年代以来，人格研究者们在人格描述模式上达成了比较一致的共识，提出了人格五因素模式，称为"大五人格"。这五种人格特质如下。

（1）神经质：焦虑、敌对、压抑、自我意识、冲动、脆弱。

（2）外倾性：热情、社交、果断、活跃、冒险、乐观。

（3）开放性：想象、审美、情感丰富、求异、智能。

（4）宜人性：信任、直率、利他、依从、谦虚、移情。

（5）尽责性：胜任、条理、尽职、成就、自律、谨慎。

因此，调度员心理适应性系统采用"大五人格量表"，共包含 44 道题目，其中，外倾性与神经质各包含 8 道题目，尽责性与宜人性各包含 9 道题目，开放性包含 10 道题目。量表采用 Likert-5 级打分方式，1 分表示非常不同意，5 分表示非常同意，分数越高表示个体越倾向于该维度的性格特征。通过验证量表的 Cronbach's α 系数，明确量表具有较高的信度。

5）知觉压力

压力是指个体所处环境与自身能力不适应而产生的一系列主观体验和身体感受，压力影响身心健康已被大量研究所证明。心理压力是个体的一种综合性心理状态，表现为认知、情绪、行为三种基本心理成分的有机结合。第一，个体心理压力是意识的产物，是建立在一定的认知基础上的。第二，心理压力伴有持续紧张的情绪、情感体验。通常个体有心理压力时，容易出现消极的情绪，如惊慌、害怕、忧愁、愤怒等。第三，心理压力必引发行为反应。当个体有心理压力时，不会无动于衷，而会引发一定的行为反映，表现为有意行为，或针对压力事件，积极应对，化解压力；或逃避压力情境，以维持正常生活；或消极应对，被压力所困，日积月累，逐步形成心理障碍。

调度员心理适应性系统采用压力知觉量表（perceived stress scale，PSS）作为测量行车调度员压力水平的工具，该量表已被国内外学者广泛应用，在以往研究中表现出很好的信效度。该量表共包含 14 个项目，采用 Likert-5 级打分方式，1 分表示从不，2 分表示偶尔，3 分表示有时，4 分表示时常，5 分表示总是。

6）社会支持

社会支持是指一种能够促进扶持、帮助或支撑事物的行为或过程，可以包括人与人之间的帮助、关心和肯定。社会支持可以保护人们免受压力事件不良影响的有益人际交往，因而它作为个体对其人际关系密切程度及质量的一种认知评价，是人们适应各种人际环境的重要影响因素。综合来说，社会支持是个体经历被爱、有价值感和他人所需要的一种信息，是一种在社会环境中促进人类发展的力量或因素。

调度员心理适应性系统采用领悟社会支持量表（perceived social support scale，PSSS）作为测量列车调度员获得社会支持程度的工具，该量表已被国内外学者广泛应用，具有很好的信效度。该量表共包含 12 个项目，采用 Likert-7 级打分方式，分数越高，表明得到的社会支持程度越高。

7）职业动机

职业动机是直接引起、推动并维持人的职业活动以实现一定职业目标的心理过程，可在一种或以一种为主的多种职业需要的基础上产生，属职业意识倾向范畴。由于激发因素不同，存在不同的职业动机：产生于个体对福利待遇、工作环境、安全条件等物质方面的需要；产生于个体对成就感、荣誉感、事业心、人际交往等精神方面的需要；由长者、权威、领导、群体等外部影响引起；由个体对职业活动本身有兴趣，即由求知、求新、求奇等内部因素引起。

调度员心理适应性系统采用企业员工职业动机量表，共包含 37 个项目，采用 Likert-7 级打分方式，1 分表示很不符合，7 分表示很符合。量表共包括自我决定取向、求胜任取向、良好关系取向、外在报酬取向和他人评价取向五个维度，在某一维度上得分越高，表示该方面动机越强。

为进一步验证本研究所使用的心理测评工具科学有效，对除智力水平测试以外的所有测评数据进行了 Cronbach's α 系数的测定（Peterson，1994），如表 6-1 所示。结果显示，以上工具使用的可行性高。

表 6-1　调度员心理适应性测量量表信度检验

测试内容	因素	Cronbach's α 系数
心理健康	抑郁	0.79
	焦虑	0.82
压力知觉		0.85
社会支持		0.92
人格特质	外倾性	0.72
	宜人性	0.72
	尽责性	0.82
	开放性	0.69
	神经质	0.86
职业动机	自我决定取向	0.83
	求胜任取向	0.87
	良好关系取向	0.83
	外在报酬取向	0.83
	他人评价取向	0.73

二、调度员基本认知能力评估方法

基本认知作业测试方法规定了 12 项基本认知能力测试的名称、测试说明、测试任务流程及测试采集指标。

1）数字工作记忆

（1）测试说明。采用计算广度（computation span）作为评价工作记忆能力的指标，具体设计以随机的 2 个 1 位数的加减心算（答案为 1 位正数）作为工作记忆任务。要求被试在完成心算任务的同时记住答案，在连续完成数题后将答案按顺序回忆出来。工作记忆任务从 1 道心算题开始，运算和回忆均正确，即开始第二组测验；第二组测验增加为 2 道心算题，运算和回忆均正确，即开始第三组测验；如此依次增加题目。当运算或回忆出现错误时，再重复一次，至连续出现两次运算或记忆错误时测验终止。被试最后一次按顺序回忆的正确答案数字的个数为该被试工作记忆的计算广度，即数字工作记忆广度。

（2）测试任务流程。数字工作记忆测试流程如图 6-1 所示。

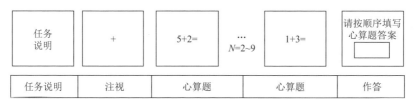

图 6-1 数字工作记忆测试流程

（3）测试采集指标。反应速度、正确率。

2）空间工作记忆

（1）测试说明。方阵中有 2～9 个不等的实心圆圈，请记住实心圆圈的位置。实心圆圈消失后，请用鼠标点击方阵，又快又准地找出刚才实心圆圈出现的位置。

（2）测试任务流程。空间工作记忆测试流程如图 6-2 所示。

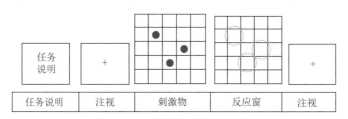

图 6-2 空间工作记忆测试流程

（3）测试采集指标。反应速度、正确率。

3）工作记忆

（1）测试说明。屏幕上会不断出现字母，当字母与前面隔一个位置的字母相同时，按回车（Enter）键。

（2）测试任务流程。工作记忆测试流程如图 6-3 所示。

图 6-3　工作记忆测试流程

（3）测试采集指标。正确率、反应时。

4）持续性注意

（1）测试说明。屏幕中会有字母随机出现，当且仅当字母 X 出现在字母 A 之后时，又快又准地用右手食指按下 M 键。

（2）测试任务流程。持续性注意测试流程如图 6-4 所示。

图 6-4　持续性注意测试流程

（3）测试采集指标。正确率、错误率、正确反应的平均反应时。

5）注意广度

（1）测试说明。在屏幕中会快速呈现若干白点，当白点消失后，要求判断刚刚出现的白点的个数。

（2）测试任务流程。注意广度测试流程如图 6-5 所示。

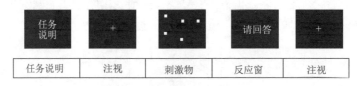

图 6-5　注意广度测试流程

（3）测试采集指标。注意广度系数。

6）视觉搜索

（1）测试说明。屏幕中会出现按矩阵排列的字母，呈现的字母会分两种情况：一种是所有字母完全相同，另一种是其中一个字母与其他字母不同。当所有字母都相同时，要求被试快速且准确地按 L 键，当有字母与其他字母不同时，则按 A 键。

（2）测试任务流程。视觉搜索测试流程如图 6-6 所示。

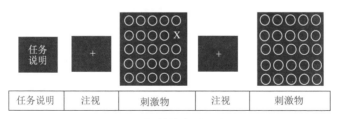

| 任务说明 | 注视 | 刺激物 | 注视 | 刺激物 |

图 6-6　视觉搜索测试流程

（3）测试采集指标。正确率、反应时。

7）多目标追踪

（1）测试说明。屏幕中会出现若干个方块，其中会有数个方块为红色，数秒后所有方块变为绿色并开始运动，要求记住红色方块并追踪它们，在所有方块运动数秒后会有一个方块变为白色，需判断这个方块是否为之前红色方块中的一个。

（2）测试任务流程。多目标追踪测试流程如图 6-7 所示。

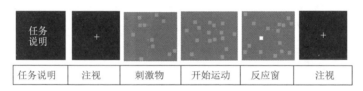

| 任务说明 | 注视 | 刺激物 | 开始运动 | 反应窗 | 注视 |

图 6-7　多目标追踪测试流程

（3）测试采集指标。正确率、反应时。

8）风险决策

（1）测试说明。在屏幕中点击"充气"按钮为红色气球充气，每充气一下将得到 5 元虚拟币，每次充气后，气球都会有一定的概率爆炸，爆炸后本局金币为 0，停止充气可点击"结算"按钮收获金币，最后金币越多，得分越高。

（2）测试任务流程。风险决策测试流程如图 6-8 所示。

| 任务说明 | 点击按钮充气 | 最终得分 |

图 6-8　风险决策测试流程

（3）测试采集指标。吹爆气球的个数。

9）认知灵活性

（1）测试说明。屏幕中注视点"+"消失后会出现一个表格，表格中随即呈现数字 1~11 和字母 A~K，用鼠标快速按 1—A—2—B—3—C 的顺序依次点击。

（2）测试任务流程。认知灵活性测试流程如图 6-9 所示。

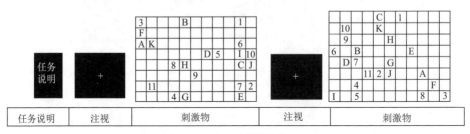

图 6-9　认知灵活性测试流程

（3）测试采集指标。反应时。

10）任务切换

（1）测试说明。屏幕中央会有蓝色或者红色正方形出现，正方形消失后会有数字出现在屏幕中央；出现蓝色正方形时需判断数字是奇数还是偶数，出现红色正方形时需判断数字大于 5 还是小于 5，要求被试快速且准确地根据要求按键。

（2）测试任务流程。任务切换测试流程如图 6-10 所示。

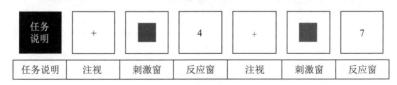

图 6-10　任务切换测试流程

（3）测试采集指标。切换反应时、切换错误率。

11）抑制判断

（1）测试说明。刺激材料是"红"和"绿"两个汉字，分别用"红"和"绿"两种颜色书写。形成字色一致刺激 2 种，字色不一致刺激 2 种，背景为黑色。要求被试对出现刺激字的颜色又快又准地做出反应。

（2）测试任务流程。抑制判断测试流程如图 6-11 所示。

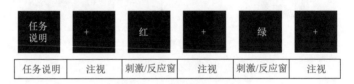

图 6-11　抑制判断测试流程

（3）测试采集指标。正确率。

12）前瞻性记忆

（1）测试说明。背景任务：要求被试判断实心箭头的朝向是左还是右，如果朝左则用左手食指按 F 键，如果朝右则用右手食指按 J 键。基于事件的前瞻性记忆任务：当看到上下有颜色的方条颜色相同时，要求被试按一下空格键。基于时间的前瞻性记忆任务：要求被试在完成背景任务的同时完成前瞻性记忆任务二。前瞻性记忆任务二是要求被试在实验开始后每间隔 30 秒用右手尾指按一下 Enter 键，被试在间隔 30 秒的时间点前后 1.5 秒共 3 秒时间内按键则记为反应正确（数秒计时放在右上角）。

（2）测试任务流程。前瞻性记忆测试流程如图 6-12 所示。

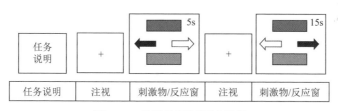

图 6-12　前瞻性记忆测试流程

（3）测试采集指标。回忆正确率。

第二节　调度员岗位胜任力绩效的评估方法

一、基于仿真模拟器的岗位胜任力绩效评估

本研究采用自主研发的高铁 CTC 调度仿真平台，可实现调度员的单工种操作测评以及多工种协同作业测评。仿真平台按 1：1 全仿真设计，包括调监显示模块、列车运行模块、调度命令管理终端模块、车站微机联锁终端模块、防灾报警模块，为保证测试环境和真实作业环境一致，实现仿真平台对突发应急场景的模拟，配套的软件及通信程序将硬件系统联系起来，形成交互式的仿真模拟平台。调度员可在仿真平台上完成所有调度命令下发、行车计划调整、管辖区段内车站进路控制、接发车序列管理等行车组织工作。调度仿真平台区段真实，模拟调监显示，与实际调度台所管辖的车站、线路数据完全一致。测试过程中调度员可通过智能 FAS 机，与共值班员（车站应急值守人员）等相关人员进行协同演练。高铁 CTC 调度仿真平台整体环境架构如图 6-13 所示。

图 6-13　高铁 CTC 调度仿真平台整体环境架构

高铁 CTC 调度仿真平台突发事件场景完备，包括通信信号、供电设备、线路设备、综合性固定设备、动车组设备、车载设备故障、异常天气情况、旅客服务应急 8 大类应急场景。本次研究选取线路设备故障作为测评调度员应急处置能力的突发事件场景，该场景在日常作业中偶有发生，难度适中，对测评调度员应急处置能力具有区分度。在实际处置突发事件中，调度员在时间允许的条件下，允许翻看对各种非正常情况下给出应急预案的《应急处置操作手册》。与此不同的是，在模拟突发事件处置测评中，为了考察调度员对日常培训与学习的灵活运用能力、非正常情况下的应对能力，《应急处置操作手册》不予以提供。本项目应急场景测评详细介绍如下。

（1）应急处置场景。列车区间占用丢失。

（2）测试说明。被试在进入测试场景后，观察当前场景下列车的运行状况，在观察 5 分钟之后，会出现 XX 车次列车发生区间的占用丢失，被试需对当前状况进行应急处置。

（3）测试任务流程。列车区间占用丢失前观察的列车运行状况如图 6-14 所示。

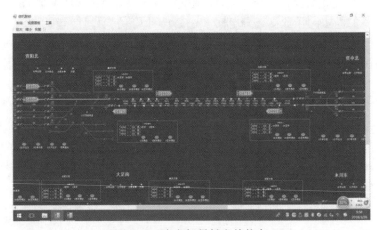

图 6-14　应急场景触发前状态

列车区间占用丢失后观察的列车运行状况如图 6-15 所示。在占用丢失场景发生后，被试需对此应急场景做出相应的应急处置。

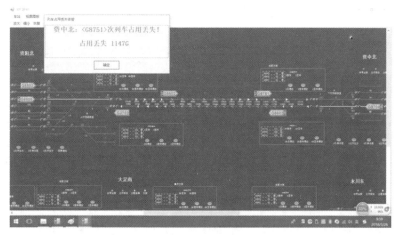

图 6-15　应急场景触发后状态

（4）测试数据采集。由于在高铁 CTC 调度仿真平台中，所有列车都被设定为正点发车，若没有安全事故发生，则可使用完成任务时的列车总延误时间（增晚时间）来衡量调度员的绩效。高铁 CTC 调度仿真平台的后台管理端负责记录被测调度员的操作信息，对应急处置安全性和增晚时间进行采集。

二、调度员工作绩效主观评价量表

本次研究结合调度员的群体特征，并考虑到管理特点，采用由 Wright 等设计的通过一道题测量员工工作绩效的量表。该量表由员工的管理人员完成，对员工进行总体评价，具有很好的接受度。本节按照调查问卷设计的基本原则并结合本次研究的特点，在原基础上，简单修改和补充了该量表。

工作绩效量表由三部分组成，分别为基本信息、熟悉度和总体评价。基本信息包括被测人员姓名和测评人姓名；熟悉度为测评人对被测人员的了解程度；总体评价为测评人对被测人员工作能力的总体评价，主要从信息收集、运行监控、计划调整、应急处置、调度命令等方面考虑。

熟悉度方面，量表采用 Likert-7 级打分方式（Boone and Boone，2012），1 分表示不认识，2 分表示不熟悉，3 分表示了解点，4 分表示一般，5 分表示较熟悉，6 分表示熟悉，7 分表示非常熟悉。总体评价方面，采用 Likert-10 级打分方式，0 分表示特别差，1 分表示很差；2 分表示差，3 分表示较差，4 分表示有点差，5 分表示一般，6 分表示还好，7 分表示较好，8 分表示好，9 分表示极好，10 分表示特别优秀，如表 6-2 所示。

表 6-2　调度员 I 作绩效 JG 表

调度员 I 作绩效评分表

调度员姓名：　　　　　　调度员所在调度台名称：　　　　　　测评人所在科室：

您对该调度员的了解程度：1. 不认识 2. 不熟悉 3. 了解点 4. 一般 5. 较熟悉 6. 熟悉 7. 非常熟悉

评价项目	项目描述	特别差	很差	差	较差	有点差	一般	还好	较好	好	极好	特别优秀	不清楚
应急处置能力	遇到突发状况时，能根据应急处置预案按"先处理故障，后组织行车"原则，快速合理地协调各专业人员，及时做出准确的口头指示和发布调度命令，做好处置工作，并防止事态扩大												
行车组织能力	具有较强的动客车组织水平，能减少动客车晚点时间；能够掌握日常不同种类列车的区间运行时间，可在特殊情况下（如天气恶劣或区间慢行等）掌握列车运行时间，能根据运输情况合理安排施工、维修计划天窗时间等												
岗位协调能力	能够及时、合理地与上级领导沟通，协调各工种调度员及相邻台调度员完成调度任务，对车站值班人员、设备单位人员、司机等行车人员具有调度权威												

续表

评价项目	项目描述	特别差	很差	差	较差	有点差	一般	还好	较好	好	极好	特别优秀	不清楚
基本知识	能够掌握管辖范围内现场设备情况，清楚管辖范围内各站作业能力，能大致了解车、机、工、电、车辆、供电的基本知识												
纪律标准	能提前到岗并全面了解运输生产及现场情况，清楚调度员岗位的安全责任，能严格遵守劳动纪律和岗位标准作业流程。在行车指挥时，遇到运输任务、施工任务与安全稳定有冲突时，严格落实安全红线规定，能正确生成列车运行计划并及时在调整计划后卜达计划												
学习适应	能熟练掌握各项规章并运用规章制度解决实际问题，并在各类规章制度发生变化时，能很快了解掌握。可基本复述学习过的事故案例，总结经验教训												
口头沟通	发布各类口头指令清晰简洁，用词准确，语意明白，合乎规范。在与领导和其他工种沟通时，能把客观情况表述得清晰、准确、得体												

请对该调度员工作绩效给出总体评价：0. 特别差；1. 很差；2. 差；3. 较差；4. 有点差；5. 一般；6. 还好；7. 较好；8. 好；9. 极好；10. 特别优秀

三、调度员安全评估分数

根据调度员工作评估手册，对调度员日常安全行为进行安全考核。以 100 分为基数，执行相应奖惩（表 6-3）。本项目所记录的调度员安全评估分数为所有测评调度员每月评估分数的平均值。

表 6-3　调度员安全评分奖惩分值表

条目	事件	分值增减
奖励项目 （增加分数）	防止事故或减轻影响	30
	合理化建议	20、10
	其他	1~50
惩罚项目 （降低分数）	A 类错误	−10
	B 类错误	−7.5
	C 类错误	−4
	D 类错误	−1.5
	其他	−1~50

第三节　"X指标集"和"Y指标集"及数据采集分析路线

根据调度员工作任务分析和深入的结构性访谈及数据分析，整理出包括心理健康、智力水平、人格特质、知觉压力、社会支持、职业动机在内的 7 项心理指标和包括数字工作记忆、空间工作记忆、工作记忆、持续性注意、注意搜索、注意广度、多目标追踪、风险决策、认知灵活性、任务切换、抑制判断、前瞻性记忆在内的 12 项基本认知能力，这 19 项评估指标构成了本项目的"X指标集"。同时，通过研究得出具有代表性的 3 项调度员绩效指标，以此作为数据采集和分析的"Y指标集"。然后，采用统计分析方式对"X指标集"和"Y指标集"进行相关分析和层次回归分析，并通过显著性检验验证评估指标的有效性，最终确定纳入选拔与定期评估系统的指标及其相应阈值参数。数据分析研究路线如图 6-16 所示。

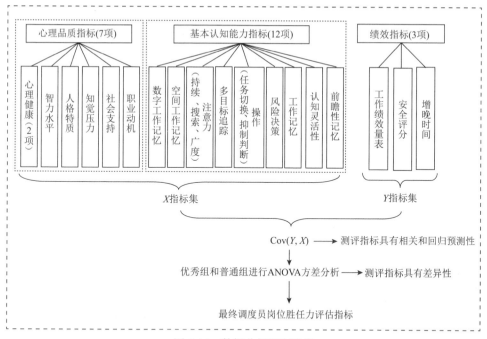

图 6-16　数据分析研究路线

第七章 调度员岗位胜任力测评指标数据采集与有效性分析

第一节 调度员岗位胜任力测评指标采集系统开发与信度检验

调度员岗位胜任力测评指标采集系统由心理品质评估指标采集系统、基本认知能力评估指标采集系统及工作绩效和应急处置能力评估指标采集系统构成。为了保证测试工具具有较高的一致性和可靠性，应当对测试工具进行试测，并对试测结果进行信度检验。

一、调度员心理品质评估指标采集系统开发及信度检验

1）调度员心理品质评估指标采集系统开发

调度员心理品质评估指标采集系统由 7 项国际通用量表组成。图 7-1 展示了系统采用的测试工具及对应的测试内容。

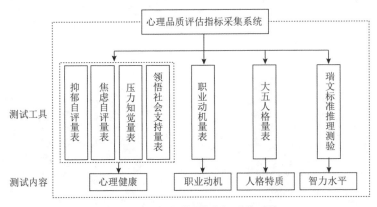

图 7-1 心理品质评估指标采集系统

2）心理品质评估指标采集系统信度检验

心理品质评估系统的评估工具为问卷，问卷最常采用 Cronbach's α 系数表示其内部信度。Cronbach's α 系数取值为 0～1，其值越高，表示信度越高，问卷的内部一致性越好。一般来说，Cronbach's α 系数不得低于 0.65，在 0.70～0.80 时

信度比较好，在 0.80～0.90 时信度非常好。其计算公式为

$$\alpha = \frac{K}{K-1}\left(1 - \frac{\sum_{i=1}^{K}\sigma_i^2}{\sigma_T^2}\right)$$（7-1）

式中，K 为量表中题目的总数；σ_i^2 为第 i 题得分的方差；σ_T^2 为全部题目总得分的方差。

　　此次测试所选用的问卷均为国际通用问卷，因此其信度已获得验证。Cronbach's α 系数见表 6-1。由表 6-1 可知，心理品质评估系统 Cronbach's α 系数在 0.69～0.87，达到了可接受的标准，说明所用问卷内部的各维度具有良好的一致性。

二、调度员基本认知能力评估指标采集系统开发及信度检验

　　1）调度员基本认知能力评估指标采集系统开发

　　调度员基本认知能力评估指标采集系统由 12 项基本认知能力测试任务构成，其具体构成内容如图 7-2 所示。

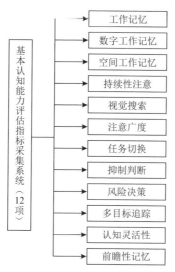

图 7-2　基本认知能力评估指标采集系统

　　2）基本认知能力评估指标采集系统信度检验

　　对于 12 项基本认知能力评估指标采集系统进行信度检验，主要检验其外部信度，最常使用的方法是再测信度。在本次测试中，首先选取 30 名被测人员对 12

项基本认知能力进行测试，30 天后对相同的基本认知能力测评任务再测一次。用 SPSS 软件对两次测试结果进行 Pearson 相关性分析，检验结果中 p 值小于 0.05 表明具有显著相关性，表 7-1 为两次测试结果的相关系数。

表 7-1　基本认知能力评估指标采集系统信度检验

任务名称	指标	p 值	r 值	任务名称	指标	p 值	r 值
工作记忆	反应时	<0.01	0.69	数字工作记忆	正确率	<0.01	0.79
工作记忆	正确率	<0.01	0.76	空间工作记忆	正确率	<0.01	0.54
持续性注意	反应时	<0.01	0.67	任务切换	正确率	<0.01	0.65
多目标追踪	反应时	<0.01	0.41	抑制判断	反应时	<0.01	0.52
多目标追踪	正确率	<0.01	0.58	视觉搜索	反应时	<0.01	0.69
风险决策	风险决策得分	<0.01	0.67	注意广度	注意广度系数	<0.01	0.67
认知灵活性	反应时	<0.01	0.60	前瞻性记忆	正确率	<0.01	0.72

由相关性分析可知，相同被测人员两次基本认知能力测试的结果具有显著相关性，检验了基本认知能力测评系统的信度。

三、调度员工作绩效和应急处置能力评估指标采集系统及信度检验

1）工作绩效量表

5 位测评人对调度员的工作绩效量表进行打分，测评人包括 2 名调度值班主任、1 名技术教育科主任、1 名安全技术科主任和 1 名高铁科主任。5 位测评人对 120 名被测人员均进行总体评价，分 3 批次进行，每批次评价 40 人。测评前主试人员向测评人介绍研究目的与测评量表内容，同时告知测评人本次测评仅做科研使用，测试结果保密，不对铁路局、测评人及被测人员造成任何影响。测评人确定没有任何疑问后，独立对被测人员进行总体评价，整个测试持续大约半小时。

2）应急处置能力评估指标采集系统信度检验

调度员应急处置能力评估指标采集系统由 2 项应急处置能力测试任务构成，即列车区间占用丢失应急处置场景，该场景包含 3 项评估指标。

对于应急处置能力评估指标采集系统信度检验，仍检验其外部信度，使用的方法为再测信度。选取 30 名被测人员对列车区间占用丢失应急场景进行测试，30 天后再测一次。采用 SPSS 软件对两次评估结果进行 Pearson 相关性分析，检验结果中 p 值小于 0.05 表明具有显著相关性，表 7-2 为两次测试结果的相关系数。

表 7-2　应急处置能力评估指标采集系统信度检验

任务名称	指标	p 值	r 值
	应急处置安全性	<0.01	0.69
占用丢失	应急处置效率	<0.01	0.45
	应急处置合理性	<0.01	0.64

由表 7-2 可知,相同被测人员两次应急处置能力评估的结果具有显著相关性,检验了应急处置能力评估系统的信度。

第二节　调度员岗位胜任力测评指标数据采集

一、数据采集对象构成

2019 年 3 月至 2020 年 12 月期间,对成都铁路局 118 名调度员和哈尔滨铁路局 32 名调度员进行了心理品质与基本认知能力测试,参与测试的调度员年龄、工龄及学历组成如图 7-3 所示。应急处置能力测试人员为部分高铁培训班的人员。

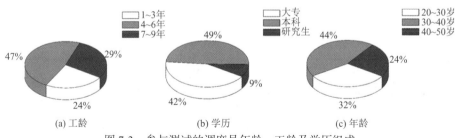

图 7-3　参与测试的调度员年龄、工龄及学历组成

二、数据采集流程

调度员在测试前 24h 禁止饮酒且保证睡眠充足。调度员到达位于成都市西南交通大学九里校区 0 号综合楼 436 与 444 检测室后(32 名哈尔滨铁路局调度员只完成心理品质和基本认知能力测评,课题组成员到哈尔滨采集数据),需签订《知情同意书》,采集指纹图像完成个人信息录入,并检测睡眠质量,稍事休息后进入正式测试。测试时,要求调度员又快又准完成测试任务,不能借助辅助工具,不能交头接耳,并安排主测人员在场,保障测试活动的顺利进行。测试完成后,主测人员及时进行数据处理,形成报告,并对数据进行保存、保密。数据采集流程如图 7-4 所示,数据采集现场如图 7-5 所示。

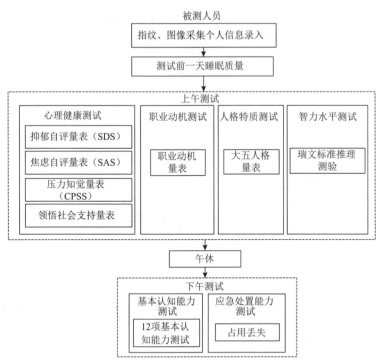

图 7-4　数据采集流程

图 7-5　数据采集现场

第三节　主要统计方法

一、Pearson 相关性分析

相关性分析是分析客观事物之间关系的数量分析方法，明确客观事物之间有怎样的关系对理解和运用相关性分析是极为重要的。本节采用 Pearson 相关系数来度量两数值型变量间的线性相关关系。它的数学定义为

$$r = \frac{\sum\limits_{i=1}^{n}(x_i - \overline{x})(y_i - \overline{y})}{\sqrt{\sum\limits_{i=1}^{n}(x_i - \overline{x})^2 \sum\limits_{i=1}^{n}(y_i - \overline{y})^2}} \qquad （7-2）$$

式中，n 为参与测评的调度员样本量；x_i 和 y_i 分别为两变量的变量值。由式（7-2）可进一步计算简单相关系数 r，即

$$r = \frac{1}{n}\sum\limits_{i=1}^{n}\left(\frac{x_i - \overline{x}}{s_x}\right)\left(\frac{y_i - \overline{y}}{s_y}\right) \qquad （7-3）$$

式（7-3）说明简单相关系数是 n 个 x_i 和 y_i 分别标准化后的积的平均数。简单相关系数有以下几个特点：

（1）x 和 y 在上述两式中是对称的，x 与 y 的相关系数等同于 y 与 x 的相关系数。

（2）由于相关系数是 x 和 y 标准化后的结果，简单相关系数是无量纲的。

（3）相关系数能够用于度量两变量之间的线性关系，但并不是度量非线性关系的有效工具。

当相关系数范围分布在-1～0 时，表明二者呈负线性相关关系，即两个变量线性的相随变动方向相反；当相关系数范围分布在 0～1 时，表明二者呈正线性相关关系，即两个变量线性的相随变动方向相同。相关系数越接近 1 或-1，相关度越强；反之，相关系数越接近 0，相关度越弱。在本节中，Pearson 相关系数主要用于考察调度员心理品质、基本认知能力与工作绩效间的相关性，以衡量两个变量之间的相关关系。

二、层次回归分析

回归分析用于分析事物之间的统计关系，侧重考察变量之间的数量变化规律，把握变量受其他一个或多个变量影响的程度，进而为预测提供科学依据。层次回归分析是指将解释变量分层放入回归方程的过程。首先选择对反应变量影响最高

的解释变量进入方程，并进行回归的各种检验。然后在剩余变量中寻找对反应变量影响其次的解释变量进入方程，已进入回归方程的解释变量作为控制变量，从而突出某些受关注的解释变量对反应变量贡献的大小。这个过程一直重复，直到再也没有可进入方程的解释变量为止。

通过样本数据进行层次回归分析后一般不能立即用于对实际问题的分析和预测，通常需要进行各种检验，主要包括回归方程的拟合优度检验、回归方程的显著性检验、回归系数的显著性检验等。

回归方程的拟合优度检验是检验样本数据点聚集在回归线周围的密集程度，从而评价回归方程对样本数据的代表程度。多元线性回归的拟合优度检验采用 R^2 统计量，该统计量的数学定义为

$$R^2 = 1 - \frac{\sum_{i=1}^{n}(y_i - \hat{y}_i)^2 / (n-p-1)}{\sum_{i=1}^{n}(y_i - \overline{y})^2 / (n-1)} \qquad (7\text{-}4)$$

式中，$n-p-1$、$n-1$ 分别为 $\sum_{i=1}^{n}(y_i - \hat{y}_i)^2$ 和 $\sum_{i=1}^{n}(y_i - \overline{y})^2$ 的自由度。

由式（7-4）可知，R^2 的取值为 0～1。R^2 越接近 1，说明回归方程对样本数据点的拟合优度越高；反之，R^2 越接近 0，说明回归方程对样本数据点的拟合优度越低。当回归方程中引入对反应变量有重要贡献的解释变量时，R^2 值增加。

回归方程的显著性检验是检验反应变量与解释变量之间的线性关系是否显著，用线性模型来描述它们之间的关系是否恰当。回归方程的显著性检验采用 F 统计量，该统计量的数学定义为

$$F = \frac{\sum_{i=1}^{n}(\hat{y}_i - \overline{y})^2 / p}{\sum_{i=1}^{n}(y_i - \hat{y}_i)^2 / (n-p-1)} \qquad (7\text{-}5)$$

式中，p 为多元线性回归方程中解释变量的个数。F 统计量服从 $(p, n-p-1)$ 个自由度的 F 分布。一般来说，回归方程的拟合优度越高，其显著性检验也会越显著；回归方程的显著性检验越显著，其拟合优度也会越高。

回归系数的显著性检验是检验回归方程中每个解释变量与反应变量之间是否存在显著的线性关系，也就是研究每个解释变量能否有效地解释反应变量的线性变化，它们能否保留在线性回归方程中。回归系数的显著性检验采用 t_i 统计量，该统计量的数学定义为

$$t_i = \frac{\hat{\beta}_i}{\dfrac{\hat{\delta}}{\sqrt{\sum_{j=1}^{n}(x_{ji}-\overline{x}_i)^2}}} \qquad (7\text{-}6)$$

式中，t_i 统计量服从 $n-p-1$ 个自由度的 t 分布。t_i 统计量与 p 值相对应，如果 p 值小于给定的显著性水平，则说明反应变量 y 与解释变量 x 的线性关系显著，x_i 应该保留在回归方程中；反之，如果 p 值大于给定的显著性水平，则说明反应变量 y 与解释变量 x 的线性关系不显著，x_i 不应该保留在回归方程中。

本节采用层次回归分析法探究调度员心理品质、认知能力对工作绩效的影响，在控制人口统计变量的基础上，进行回归方程的拟合优度检验、回归方程的显著性检验、回归系数的显著性检验，揭示心理健康、基本认知能力与工作绩效之间的影响关系，同时确定有效的测评指标体系。

第四节 调度员岗位胜任力测评指标有效性分析

为选出能客观甄别调度员岗位胜任力测评的评估指标，对 7 项心理品质评估指标、12 项基本认知能力评估指标及 3 项绩效指标进行有效性分析。首先，对领导主观评价、工作绩效指标与各项评估指标进行相关性分析，其中存在显著相关性的评估指标能反映调度员的岗位胜任力，可作为调度员岗位胜任力测评的有效指标。在此基础上，再利用领导主观评价、工作绩效指标将调度员分为优秀组和普通组，对两组调度员的评估指标进行差异性分析，具有差异性的指标可最终确定为调度员岗位胜任力测评的有效指标。

一、调度员工作绩效指标之间的相关性分析

为了更科学地量化调度员的岗位胜任力（即工作绩效），本研究从客观日常的工作绩效指标、应急处置能力指标和主观评价量表三个角度全方位采集绩效指标，并以此作为心理品质和基本认知能力评估指标的效标参数。因此，首先通过 Pearson 相关性分析，明确三个绩效指标是否具有一致性，若这三个指标相关系数高，则一致性程度高，说明所选取的绩效指标能够反映调度员的胜任力与工作绩效。

1. 变量

（1）增晚时间：采用模拟器记录的调度员运行响应和紧急情况下调度员管

辖范围内列车延误的总时间，此指标可以反映调度员应急处置的安全和效率。

（2）安全评分：采用成都铁路局所有调度员的日常安全行为月度考核分数的平均分，具体为 2020 年 1 月到 2020 年 6 月日常数据。

（3）主观评分：采用自主研究的调度员工作绩效量表（表 6-2）。

2. 相关性分析结果

图 7-6 表明，增晚时间、安全评分和主观评分两两之间均具有显著相关性，p 值均小于 0.001，验证了采纳不同角度的三个绩效指标的合理性和科学性，也为调度员工作绩效的量化评估提供了可靠工具，且具有极大的可操作性。

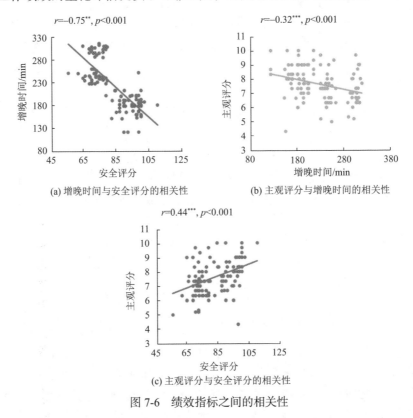

图 7-6　绩效指标之间的相关性

二、心理品质指标的有效性及对工作绩效指标的预测作用

1. 人格特质

国外关于人格特质与工作绩效的研究以 20 世纪 80 年代为界限分为两个阶段。20 世纪 80 年代以前，绝大多数人认为人格特质与工作绩效之间不具备相关关系；

20 世纪 80 年代以后，人们发现，如果使用标准化的量表，人格特质可以在一定程度上预测工作绩效。考虑到人格特质是调度员选拔和测评的重点内容，且大量研究显示了人格特质对工作绩效的影响，因此本次研究从人格特质角度探讨其对调度员工作绩效即风险防控能力的影响。

1）变量

（1）人格特质。采用大五人格量表，共包含 44 道题，其中，外倾性与神经质分别有 8 道题，尽责性与宜人性分别有 9 道题，开放性包含 10 道题。量表采用 Likert-5 级打分方式，1 分表示非常不同意，5 分表示非常同意，分数越高表示越同意。

（2）增晚时间。参见第六章第二节指标测评方法。

（3）工作绩效量表。根据铁路调度员的工作特性，充分听取铁路专家的意见，经过反复修改编制而成。该量表由应急处置能力、行车组织能力、岗位协调能力、纪律标准、学习适应、口头沟通、基本知识 7 个评价项目组成，共 56 道题。应急处置能力是指及时处理突发事件的能力，并遵循突发事件处置原则，防止事态扩大；行车组织能力是指具有较强的行车组织水平，可以减少列车延误时间；岗位协调能力是指能够及时、合理地与上级沟通，协调相邻站调度员完成调度任务的能力；纪律标准是指能够严格遵守劳动纪律和规范岗位操作流程的能力；学习适应是指当规则发生变化时能够快速理解规则的能力；口头沟通是指发布各种口头指示，明确含义和标准；基本知识是指对铁路调度基本知识的掌握与理解情况。通过探索性因素分析和验证性因素分析，该量表被验证为具有三个维度，分别命名为任务绩效、人际促进、工作奉献，其总分可代表工作绩效主观评价高低的依据。该量表信度参数如表 7-3 所示。

表 7-3　工作绩效各维度及总量表信度检验值

维度	项目数	Cronbach's α 系数
任务绩效	29	0.825
人际促进	7	0.798
工作奉献	20	0.864
总量表	56	0.831

由表 7-3 可知，工作绩效各维度及总量表的 Cronbach's α 系数均在 0.7 以上，满足高信度检验要求。同时，由主成分分析可知，三个主因子累计解释总变异数达到 89.61%，一般认为，累计解释总变异数超过 60%证明结构效度良好，因此本项目所使用的工作绩效量表具有良好的结构效度。

2）结果

（1）相关性分析。

Pearson 相关性分析显示，人格特质的五个维度与工作绩效量表的几个维度及增晚时间等均表现出显著的相关性，具体如表 7-4 所示。

表 7-4　各维度相关性分析结果

维度	工龄	外倾性	宜人性	尽责性	神经质	开放性
任务绩效	0.58**	0.48**	0.44**	0.51**	−0.3*	0.16*
人际促进	0.54**	0.45**	0.50**	0.45**	−0.43**	0.17*
工作奉献	0.56**	0.51**	0.48**	0.54**	−0.40**	0.22**
增晚时间	−0.47**	−0.34**	−0.35**	−0.57**	0.31**	−0.20*

*表示 $p < 0.05$；**表示 $p < 0.01$（下同）。

（2）回归分析。

首先建立如下预测回归方程：

任务绩效$= C_{11}*$外倾性$+C_{12}*$宜人性$+C_{13}*$尽责性$+C_{14}*$神经质$+C_{15}*$开放性

人际促进$= C_{21}*$外倾性$+C_{22}*$宜人性$+C_{23}*$尽责性$+C_{24}*$神经质$+C_{25}*$开放性

工作奉献$= C_{31}*$外倾性$+C_{32}*$宜人性$+C_{33}*$尽责性$+C_{34}*$神经质$+C_{35}*$开放性

通过层次回归模型，得到大五人格量表和工作绩效量表各维度之间的回归模型参数，如表 7-5 所示。

表 7-5　层次回归分析结果

模型	因变量	自变量	R	R^2	$\triangle R^2$	标准差	标准回归系数	p 值
1	任务绩效	外倾性	0.972	0.945	0.941	0.007	0.597	0
		宜人性				0.009	0.033	0.204
		尽责性				0.009	0.520	0
		神经质				0.008	−0.128	0
		开放性				0.009	−0.025	0.335
2	人际促进	外倾性	0.866	0.750	0.749	0.025	0.158	0.013
		宜人性				0.032	0.751	0
		尽责性				0.031	0.058	0.373
		神经质				0.028	0.059	0.351
		开放性				0.030	0.027	0.657

续表

模型	因变量	自变量	R	R^2	$\triangle R^2$	标准差	标准回归系数	p 值
3	工作奉献	外倾性	0.806	0.650	0.649	0.021	0.181	0.015
		宜人性				0.033	0.751	0
		尽责性				0.041	0.048	0.323
		神经质				0.022	0.059	0.311
		开放性				0.030	0.027	0.657

结果表明，人格特质中的外倾性、宜人性、尽责性和神经质都能够显著预测调度员的工作绩效，因此可以验证人格特质指标的有效性，能纳入心理品质评估指标系统。

2. 心理健康——抑郁和焦虑

心理健康是人们顺利完成活动最重要的心理条件之一。我国心理健康研究历史短，但心理健康问题越来越多，其中抑郁和焦虑已是我国最常见的心理健康问题。目前，越来越多的企业注重员工的心理健康问题，并引入员工帮助计划（employee assistance program，EAP）帮助员工解决各种行为问题和心理问题，预防人因诱发事故的发生，提高员工工作绩效。目前，已有研究分析了轨道交通领域上其他调度员心理健康对工作绩效的影响。调度员作为铁路运营指挥系统的核心，至今未有学者进行研究。基于此，本节重点探讨心理健康因素对调度员工作绩效的影响，并试图确定项目所使用的心理健康指标的有效性。

1）变量

（1）抑郁自评量表作为测量调度员抑郁症状的工具，包含 20 个项目，采用 Likert-4 级打分方式，1 分表示没有或很少时间，2 分表示少部分时间，3 分表示相当多时间，4 分表示绝大部分时间或全部时间。

（2）焦虑自评量表作为测量调度员焦虑症状的工具，包含 20 个项目，采用 Likert-4 级打分方式，1 分表示没有或很少时间，2 分表示少部分时间，3 分表示相当多时间，4 分表示绝大部分时间或全部时间。

（3）压力知觉量表作为测量调度员压力水平的工具，包含 14 个项目，采用 Likert-5 级打分方式，1 分表示从不，2 分表示偶尔，3 分表示有时，4 分表示时常，5 分表示总是。

（4）领悟社会支持量表包含 12 个项目，采用 Likert-7 级打分方式，分数越高，表明得到的社会支持程度越高。

2）结果

（1）心理健康与工作绩效的相关性分析

如表 7-6 所示，抑郁、焦虑和知觉压力与工作绩效均呈显著负相关，社会支持与工作绩效均呈显著正相关。上述结果说明，心理健康与调度员的工作安全、绩效水平等均有显著相关关系，调度员抑郁、焦虑、压力水平越高，工作绩效总体水平及应急处置安全和效率越低，也就是可能面临更大的风险系数。

表 7-6　心理健康与工作绩效的相关性分析（N=118）

	总体评价	增晚时间	抑郁	焦虑	知觉压力	社会支持
总体评价	—					
增晚时间	-0.32^{**}	—				
抑郁	-0.46^{**}	0.37^{**}	—			
焦虑	-0.38^{**}	0.35^{**}	0.72^{**}	—		
知觉压力	-0.42^{**}	0.41^{**}	0.69^{**}	0.63^{**}	—	
社会支持	0.29^{*}	-0.26^{*}	-0.34^{**}	-0.30^{*}	-0.36^{**}	—

（2）心理健康与工作绩效的回归分析。

①调度员整体心理健康与工作绩效的回归分析。

在对调度员心理健康与工作绩效进行相关性分析时，心理健康各维度与工作绩效呈显著负相关。相关性分析仅是验证解释变量与反应变量是否有联系，为了进一步验证解释变量对反应变量的预测作用，需进一步进行层次回归分析。

将人口统计学变量（年龄、工龄、学历、婚姻状况）作为控制变量，对调度员整体心理健康与工作绩效进行层次回归分析。由表 7-7 可知，在模型 1 中放控

表 7-7　调度员整体心理健康与工作绩效的回归分析（N=118）

变量	模型 1			模型 2		
	B	SEB	β	B	SEB	β
控制变量						
年龄	-0.04	0.06	-0.21	0.14	0.17	0.11
工龄	0.06	0.10	1.29	0.18	0.14	0.17
学历	-0.19	0.23	-2.24	0.28	0.21	0.25
婚姻状况	0.07	0.21	0.46	0.03	0.13	0.10
解释变量						
整体心理健康				0.13	0.11	-0.12^{*}
R^2		0.06			0.14^{*}	
F		2.07			2.71^{*}	

注：B 是回归方程系数，SEB 是回归方程系数的标准误差。

制变量进入回归方程，其对工作绩效的解释为 0.06（$p>0.05$），此模型无统计学意义；模型 2 在模型 1 的基础上放整体心理健康变量进入回归方程，其对工作绩效的解释为 0.14（$p<0.05$），说明模型 2 对工作绩效的解释具有显著性意义。总体来说，从模型 1 到模型 2，将整体心理健康引入模型后，R^2 变化具有显著性意义，即模型对工作绩效的解释度增加，且心理健康（$\beta=-0.12$，$p<0.05$）对工作绩效具有预测作用。该结果说明调度员心理越健康，其工作绩效越好。

②调度员心理健康各维度与工作绩效的回归分析。

将人口统计学变量（年龄、工龄、学历、婚姻状况）作为控制变量，对调度员心理健康各维度与工作绩效进行层次回归分析。由表 7-8 可知，在模型 1 中放控制变量进入回归方程，其对工作绩效的解释为 0.06（$p>0.05$），此模型无统计学意义；模型 2 在模型 1 的基础上放抑郁进入回归方程，其对工作绩效的解释为 0.18（$p<0.05$），说明模型 2 对工作绩效的解释具有显著性意义。模型 3 在模型 1 的基础上放压力进入回归方程，其对工作绩效的解释为 0.22（$p<0.05$），说明模型 3 对工作绩效同样具有显著性意义。总体来说，从模型 1 到模型 2 和模型 3，将抑郁和压力引入模型后，R^2 变化具有显著性意义，即模型对工作绩效的解释度增加，且工龄（$p<0.05$）、抑郁（$\beta=-0.24$，$p<0.05$）、焦虑（$\beta=-0.31$，$p<0.05$）具有预测作用。该结果说明，调度员工龄越长，抑郁和压力水平越低，其工作绩效越好。

表 7-8　调度员心理健康维度与工作绩效的回归分析（$N=118$）

变量	模型 1			模型 2			模型 3		
	B	SEB	β	B	SEB	β	B	SEB	β
控制变量									
年龄	−0.04	0.06	−0.21	0.31	0.12	0.04	0.32	0.21	0.21
工龄	0.06	0.10	1.29	0.32	0.31	0.16	0.41*	0.18	0.24*
学历	−0.19	0.23	−2.24	0.42	0.15	0.02	0.11	0.14	0.04
婚姻状况	0.07	0.21	0.46	0.21	0.23	0.14	0.16	0.09	0.13
解释变量				抑郁			压力		
				0.12	0.21	−0.24*	0.24	0.34	−0.31*
R^2		0.06			0.18**			0.22**	
F		2.07			5.01**			6.01**	

此外，回归分析显示，焦虑和社会支持不能显著预测调度员的各类工作绩效指标。综上所述，心理健康因素中的抑郁和压力都能够显著预测调度员的工作绩效，因此可以验证心理健康指标的有效性，能纳入心理品质评估指标系统。

3. 职业动机的有效性检验

经相关性分析和回归分析发现，调度员的职业动机各维度中，只有良好关系取向与工作绩效量表总分显著相关，$r=0.33$，$p<0.05$，其余维度的相关性不显著。说明职业动机中的良好关系取向可作为调度员工作绩效的有效预测指标，能纳入心理品质评估指标系统。

三、基本认知能力指标的有效性及对工作绩效指标的预测作用

从现有的对调度员的工作绩效考核来看，管理人员主要面向的是业务能力和知识技能，这都是外显的、可测量的。实际上，还有内隐的、难以测量的方面，如调度员的基本认知能力，它是预测工作绩效的有效指标。在对调度员工作分析中发现，调度员作业是一种对认知能力需求较高的职业。在复杂的人机交互调度系统中，调度员为了保证调度任务安全、高效地完成，不仅要提高自身业务知识能力和安全行为能力，还要在认知能力方面有所提升。与心理健康类似，认知能力作为影响调度员工作绩效的潜在因素，对保证铁路交通系统运行的效率与安全至关重要。

1）基本认知能力与工作绩效的相关性分析

如表7-9所示，测评结果发现基本认知能力与工作绩效呈显著正相关（$r=0.32$，$p<0.01$）。在基本认知能力的各项指标中，视觉搜索、持续性注意、工作记忆、前瞻性记忆、任务切换、认知灵活性、风险决策、多目标追踪与工作绩效呈显著正相关。以上基本认知能力越强，调度员的工作表现越好。

表 7-9　基本认知能力与工作绩效的相关性分析（$N=118$）

变量	1	2	3	4	5	6	7	8	9
1. 风险决策	—								
2. 多目标追踪	0.56*	—							
3. 视觉搜索	0.34**	0.31**	—						
4. 持续性注意	0.41**	0.46	0.41**	—					
5. 工作记忆	0.30**	0.48**	0.37*	0.42**	—				
6. 前瞻性记忆	0.34*	0.34	0.47**	0.49*	0.41*	—			
7. 任务切换	0.42**	0.52**	0.36*	0.41	0.34*	0.38**	—		
8. 认知灵活性	0.32*	0.41*	0.52*	0.36**	0.42**	0.41*	0.49*		
9. 工作绩效	0.32**	0.49**	0.46**	0.32**	0.41**	0.45**	0.51**	0.42*	—

2）整体基本认知能力与工作绩效的回归分析

在对调度员基本认知能力与工作绩效进行相关性分析时，整体基本认知能力

和 8 项基本认知能力指标与工作绩效呈显著正相关。相关性分析仅是验证解释变量与反应变量是否有联系，为了进一步验证解释变量对反应变量的预测作用，需进一步进行层次回归分析。将人口统计学变量（年龄、工龄、学历、婚姻状况）作为控制变量，对调度员整体基本认知能力与工作绩效进行层次回归分析，如表 7-10 所示。

表 7-10　整体基本认知能力与工作绩效的回归分析（N=118）

变量	模型 1			模型 2		
	B	SEB	β	B	SEB	β
控制变量						
年龄	−0.04	0.06	−0.21	0.23	0.07	0.21
工龄	0.06	0.10	1.29	0.31	0.21	0.13**
学历	−0.19	0.23	−2.24	0.35	0.24	0.31
婚姻状况	0.07	0.21	0.46	0.13	1.31	0.31
解释变量						
整体认知能力				0.237	0.12	0.41**
R^2		0.06			0.41**	
F		2.07			1.17**	

由表 7-10 可知，在模型 1 中放控制变量进入回归方程，其对工作绩效的解释为 0.06（$p>0.05$），此模型无统计学意义；模型 2 在模型 1 的基础上放整体基本认知能力变量进入回归方程，其对工作绩效的解释为 0.41（$p<0.05$），说明模型 2 对工作绩效的解释具有显著性意义。总体来说，从模型 1 到模型 2，将整体基本认知能力引入模型后，R^2 变化具有显著性意义，即模型对工作绩效的解释度增加，且工龄（β=0.13，$p<0.05$）、整体基本认知能力（β=0.41，$p<0.05$）对工作绩效具有预测作用。该结果说明调度员的整体基本认知能力越强，其工作绩效也会越高。

3）基本认知能力指标与工作绩效的回归分析

将人口统计学变量（年龄、工龄、学历、婚姻状况）作为控制变量，对调度员基本认知能力指标与工作绩效进行层次回归分析，如表 7-11 所示。

由表 7-11 所示，在模型 1 中放控制变量进入回归方程，其对工作绩效的解释为 0.26（$p<0.001$），此模型统计学意义显著；将多目标追踪（模型 2）、视觉搜索（模型 3）、持续性注意（模型 4）、工作记忆（模型 5）、前瞻性记忆（模型 6）、任务切换（模型 7）、认知灵活性（模型 8）分别作为第二步的自变量放入回归方程。

表 7-11　基本认知能力指标与工作绩效的回归分析

变量	模型 1		模型 2		模型 3		模型 4	
	B	β	B	β	B	β	B	β
控制变量								
年龄	-0.04	-0.21	-0.24	-1.34	-0.10	-0.29	0.14	0.12
工龄	0.06	1.29	0.10	0.12**	0.13	0.07**	0.38	0.20
学历	-0.19	-2.24	-0.12	-0.45	-0.13	-0.04	-0.48	-0.14
婚姻状况	0.07	0.46	0.13	0.22	0.02	0.11	0.03	0.21
解释变量			多目标追踪		视觉搜索		持续性注意	
			0.33	0.48**	0.13	2.41**	0.23	1.44**
R^2	0.26*		0.56**		0.46**		0.38*	
F	2.07*		20.83**		18.71**		8.72**	

变量	模型 5		模型 6		模型 7		模型 8	
	B	β	B	β	B	β	B	β
控制变量								
年龄	-0.03	-0.42	-0.03	-0.33	-0.01	-0.22	-0.21	-0.33
工龄	0.06	0.87	0.05	0.93	0.03	0.46**	0.05	0.87**
学历	-0.04	-1.75	-0.13	-2.18	-0.14	-2.45	-0.24	-2.03
婚姻状况	0.55	1.23	0.05	0.91	0.51	0.62	0.04	0.77
解释变量	工作记忆		前瞻性记忆		任务切换		认知灵活性	
	1.41	3.11**	0.13	1.91**	0.19	4.41**	1.23	2.41**
R^2	0.47**		0.41**		0.51**		0.48**	
F	17.14**		9.54**		21.14**		19.54**	

　　模型 2（在模型 1 的基础上，将多目标追踪作为自变量放入回归方程）的回归结果表明，多目标追踪对工作绩效的解释为 0.56（$p<0.001$），此模型统计学意义显著，对工作绩效存在显著预测效应（$\beta=0.48$，$p<0.001$）。

　　模型 3（在模型 1 的基础上，将视觉搜索作为自变量放入回归方程）的回归结果表明，视觉搜索对工作绩效的解释为 0.46（$p<0.05$），说明模型 3 对工作绩效的解释具有显著性意义。视觉搜索对工作绩效有着显著正向预测作用（$\beta=2.41$，$p<0.01$），即视觉搜索所用时间越短，表明调度员在整个调监界面中对特定目标的视觉追踪能力越好，有利于完成运行监控、应急处置等作业，对工作绩效有正向影响。

　　模型 4（在模型 1 的基础上，将持续性注意作为自变量放入回归方程）的回归结果表明，持续性注意对工作绩效的解释为 0.38（$p<0.05$），说明模型 4 对工作绩效的解释具有显著性意义。持续性注意对工作绩效有着显著的正向预测作用（$\beta=1.44$，$p<0.01$），即持续性注意测试所用时间越短，调度员始终保持对某一任务的长时高度注意的能力越好，有利于完成运行监控、计划调整等作业，对工作

绩效有正向影响。

模型 5（在模型 1 的基础上，将工作记忆作为自变量放入回归方程）的回归结果表明，工作记忆对工作绩效的解释为 0.47（$p<0.05$），说明模型 5 对工作绩效的解释具有显著性意义。工作记忆对工作绩效有着显著的正向预测作用（$\beta=3.11$，$p<0.01$），即工作记忆测试所用时间越短，表明调度员在进行作业活动时，对信息进行操作处理和组装的能力越好，有利于完成信息收集、调度命令等作业，对工作绩效有正向影响。

模型 6（在模型 1 的基础上，将前瞻性记忆作为自变量放入回归方程）的回归结果表明，前瞻性记忆对工作绩效的解释为 0.41（$p<0.05$），说明模型 6 对工作绩效的解释具有显著性意义。前瞻性对工作绩效有着显著的正向预测作用（$\beta=1.91$，$p<0.01$），即前瞻性记忆测试所用时间越短，表明调度员在遇到一些需要完成但不立即处理的事项时，待几分钟或者几小时后的记忆能力越好，有利于完成信息收集、应急处置等作业，对工作绩效有正向影响。

模型 7（在模型 1 的基础上，将任务切换作为自变量放入回归方程）的回归结果表明，任务切换对工作绩效的解释为 0.51（$p<0.05$），说明模型 7 对工作绩效的解释具有显著性意义。任务切换对工作绩效有着显著的正向预测作用（$\beta=4.41$，$p<0.01$），即任务切换测试所用时间越短，表明调度员在进行作业活动时能灵活处理交叉任务的能力越好，有利于完成应急处置、调度命令等作业，对工作绩效有正向影响。

模型 8（在模型 1 的基础上，将认知灵活性作为自变量放入回归方程）的回归结果表明，认知灵活性对工作绩效的解释为 0.48（$p<0.05$），说明模型 8 对工作绩效的解释具有显著性意义。认知灵活性对工作绩效有着显著的正向预测作用（$\beta=2.41$，$p<0.01$），即认知灵活性测试所用时间越短，表明调度员对新规章灵活应用的能力越好，有利于完成信息收集、运行监控等作业，对工作绩效有正向影响。

以上结果表明，所测评的基本认知能力能够显著地预测调度员的工作绩效（应急处置安全与效率、工作绩效量表）。多目标追踪、工作记忆、视觉搜索、持续性注意、前瞻性记忆、任务切换、认知灵活性这些基本认知能力与列车调度员的工作表现显著相关，也能显著预测其工作能力表现，因此可纳入基本认知能力评估指标系统。

4）基本认知能力指标与日常安全评分的统计分析

考虑到以工作绩效量表得分和应急处置效率为效标时，可能存在效标难以获取及花费时间颇多等额外问题，因此为了增强系统的实际应用性，也在一定程度上试图寻找工作绩效效标的突破，引入了日常工作数据，即调度员日常安全评估分析，并分析基本认知能力与它的关系和预测作用。

Pearson 相关性分析显示（表 7-12），多目标追踪、工作记忆、任务切换、认知灵活性等基本认知能力指标与日常安全评分和应急处置能力显著相关，并且安全评分和增晚时间之间的相关系数高达 0.75，因此在节约时间和人力成本的情况下，可以使用安全评分作为工作绩效指标。

表 7-12　基本认知能力指标与日常安全评分的相关性分析

变量	1	2	3	4	5	6	7	8	9	10	11
年龄	—										
工龄	0.53***	—									
逻辑推理	0.01	−0.04	—								
多目标追踪ACC	0.11	0.16	0.03	—							
多目标追踪RT	0.08	−0.01	−0.13	−0.28	—						
工作记忆ACC	0.10	0.16	−0.15	0.20*	−0.43**	—					
工作记忆RT	−0.01	0.05	−0.15	−0.38	0.54**	−0.20*	—				
任务切换RT	−0.01	−0.02	−0.16	−0.21*	0.66**	−0.32**	0.46**	—			
认知灵活性	0.06	0.00	0.04	−0.20*	0.21*	−0.14	0.25**	0.28**	—		
安全评分	−0.02	0.07	0.11	0.40**	−0.54**	0.41**	−0.48*	0.56**	−0.30**	—	
增晚时间	−0.09	−0.14	0.11	−0.42**	0.59**	−0.43**	0.63**	0.57**	0.35**	−0.75**	–

层次回归模型显示，多目标追踪、工作记忆和任务切换能够显著预测日常安全评分，R^2=0.484，即 48.4%的调度员安全评分的差异可以由以上三项基本认知能力指标来预测（表 7-13）。

表 7-13　基本认知能力指标层次回归分析结果

变量	模型 1			模型 2		
	B	SEB	β	B	SEB	β
年龄	−0.235	0.336	−0.077	−0.199	0.254	−0.065
工龄	0.654	0.679	0.106	0.144	0.513	0.023
逻辑推理				0.080	0.104	0.056
多目标追踪RT				−0.004	0.004	−0.087
多目标追踪ACC				16.579	6.592	0.193*
工作记忆RT				−0.010	0.005	−0.158
工作记忆ACC				14.677	5.793	0.204*
任务切换RT				−0.012	0.004	−0.292**
认知灵活性				0.000	0.000	−0.292
R^2		0.08			0.484	
F		0.489			11.275**	

相对应地，当将增晚时间作为工作绩效因变量指标时，层次回归模型显示，多目标追踪、工作记忆、任务切换和认知灵活性能够显著预测应急处置能力，$R^2=0.599$，即59.9%的调度员安全评分的差异可以由以上四项基本认知能力指标来预测（表7-14）。

表 7-14　层次回归分析结果（以增晚时间为因变量）

变量	模型 1			模型 2		
	B	SEB	β	B	SEB	β
年龄	−0.164	1.445	−0.012	−0.547	0.970	−0.041
工龄	−3.696	2.923	−0.138	−1.359	1.958	−0.051
逻辑推理				−0.252	0.398	−0.041
多目标追踪 RT				−0.024	0.017	0.138
多目标追踪 ACC				−50.591	25.177	−0.137[*]
工作记忆 RT				0.088	0.020	0.335[**]
工作记忆 ACC				−58.591	22.123	−0.188[**]
任务切换 RT				0.033	0.015	0.188[*]
认知灵活性				0.002	0.001	0.137[*]
R^2	0.021			0.599		
F	1.230			17.927[**]		

5）基本认知能力指标高低分组在工作绩效上的差异性检验

为选出能客观反映调度员岗位胜任力的有效评估指标，我们首先对评估指标与工作绩效的相关性进行验证，与工作绩效存在显著相关性的评估指标能反映调度员的胜任能力，可作为调度员选拔与定期测评的初选有效指标。在此基础上，将基本认知能力按照高低分分组，探讨高分组和低分组是否能够带来具有显著性差异的工作绩效水平。如果高分组和低分组绩效水平差异显著，则说明可以通过基本认知能力测评来实现对调度员的作业风险评估，以及预测调度员之后的工作绩效水平，而且具有差异性的指标可最终确定为调度员选拔的有效指标。以下结果主要以最强预测指标为示例，其余指标亦具有一定的组间预测性。

（1）基本认知能力评估指标高低分组在应急处置安全效率指标即增晚时间上的差异（图7-7）。

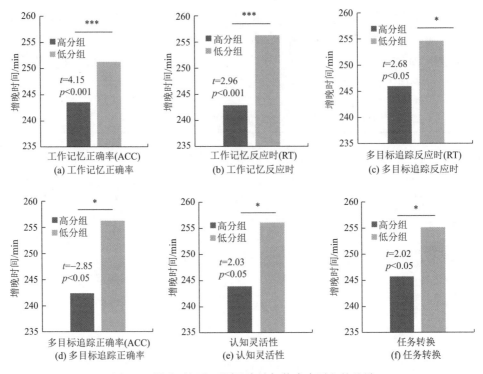

图 7-7　增晚时间在不同基本认知能力水平上的差异

（2）心理品质评估指标高低分组在应急处置安全效率指标即增晚时间上的差异（图 7-8）。

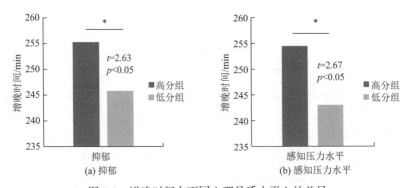

图 7-8　增晚时间在不同心理品质水平上的差异

（3）基本认知能力和心理品质评估指标高低分组在工作绩效量表上的差异（图 7-9）。

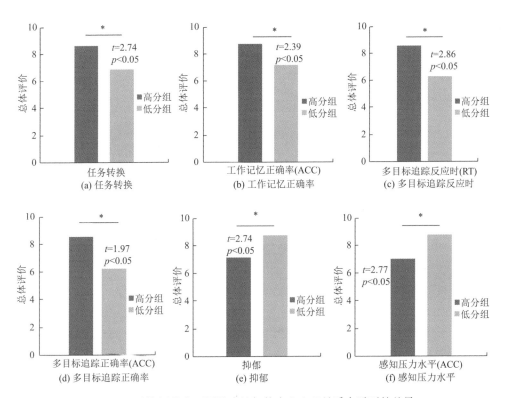

图 7-9　总体评价在不同基本认知能力和心理品质水平下的差异

（4）基本认知能力和心理品质评估指标高低分组在安全评分上的差异（图 7-10）。

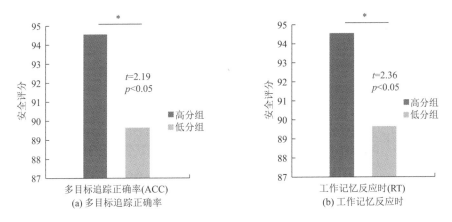

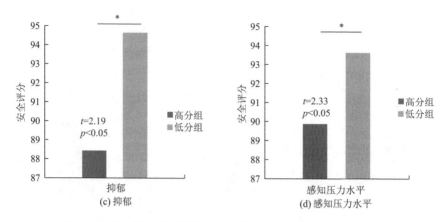

图 7-10　安全评分在不同基本认知能力和心理品质水平上的差异

四、心理品质、基本认知能力交互作用对工作绩效的预测作用

心理品质和基本认知能力指标均能够显著预测工作绩效，因此本节进一步从理论上探讨心理品质和基本认知能力的交互作用对调度员可能产生的影响，从而为调度员风险预防提供更综合的数据支持。具体的交互作用理论模型如图 7-11 所示。

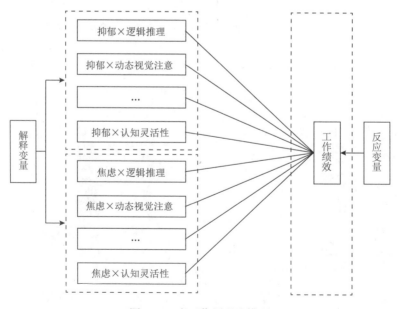

图 7-11　交互作用理论模型

　　为验证以上理论模型，并明确心理品质和基本认知能力指标同时使用时可能产生的交互效应，本节挑选 70 名调度员数据，整合心理和认知因素，整合工作绩效量表总体评价指标和应急处置能力效率指标（增晚时间），并通过图 7-12 所示路径进行模型验证。

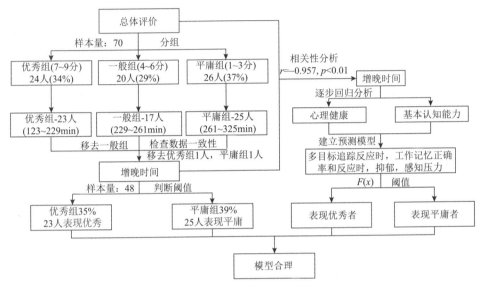

图 7-12　模型验证路径

　　因为已经验证了三个工作绩效指标之间具有显著相关性，首先以工作绩效量表总体评价为效标，将所有调度员按照总分为优秀组、一般组和平庸组三类；然后以应急处理效率指标增晚时间为另一效标，引入心理健康和基本认知能力因素来建立预测模型。结果发现，心理品质指标中的抑郁和压力及基本认知能力指标中的多目标追踪、工作记忆都能显著预测工作绩效，且心理和认知因素的交互效应解释率高达 96.83%（表 7-15），即通过以上路径可以以超过 95% 的正确率将调度员分为优秀组和一般组，从而可从调度指挥能力水平量化和选拔测评角度部分实现调度员的风险防控。

表 7-15　调度员评估指标预测模型

模型	B	标准化系数	显著性	调整后 R^2
常量	128.722		0.00	0.91
工作记忆正确率	−89.825	−0.33	0.00	
工作记忆反应时	0.085	0.27	0.00	

续表

模型	B	标准化系数	显著性	调整后 R^2
多目标追踪反应时	0.036	0.17	0.01	
抑郁	2.169	0.41	0.00	
知觉压力	−1.501	−0.18	0.00	

模型	平方和	自由度	均方	F
回归	184884.57	5	36976.91	96.83**
残差	16038.41	42	381.87	
总和	200922.98	47		

雷达图 7-13 可反映预测模型的拟合程度，其中 70 名调度员只有一名采用本节拟合模型时绩效分类存在偏差，其余均正确。

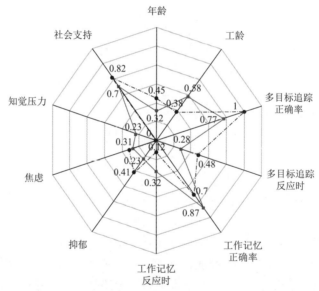

图 7-13　心理和认知交互效应对工作绩效水平的预测结果

第五节　调度员岗位胜任力测评指标的确定

通过对 7 项心理品质指标、12 项基本认知能力指标、3 项工作绩效指标进行有效性分析，最终确定的 5 项心理品质评估指标、8 项基本认知能力评估指标、3 项应急处置能力评估指标如图 7-14 所示。

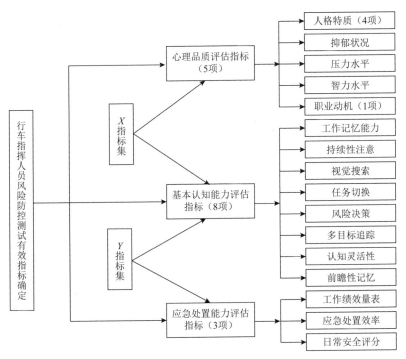

图 7-14　调度员岗位胜任力测评指标

第三篇 管理应用

第八章　调度员岗位胜任力测评方法体系

第一节　调度员岗位胜任力测评指标阈值确定

调度员作为铁路系统的核心指挥者，负责日常列车运行计划的调整、突发事件处置及救援组织与安排等，其作业的安全、可靠直接影响铁路系统的运行效率与安全。本研究基于深度结构访谈与调度指挥作业特征分析，确定了影响调度指挥作业绩效的因素——心理品质指标与基本认知能力指标，并明确了调度指挥作业的绩效指标，并且通过相关性分析、回归分析和显著性检验确定了指标的有效性，明确了心理品质和基本认知能力对调度员作业绩效的预测作用。基于此，可以通过确定各类指标的阈值，从人员选拔与定期评估角度实现对调度员岗位胜任力的测评和预防矫正，对铁路运行安全有重要意义。调度员岗位胜任力测评指标阈值的确定主要为胜任力干预矫正方法体系提供标准，当定期评估成绩不满足阈值要求时，视为不合格。

调度员选拔与定期评估的测评任务不同，指标单位也不一样。为统一单项指标量纲，采用 Z 分数标准化，即对每一个数都计算其与平均值的差，再除以标准差，得到归一化后的数据。调度员各项岗位胜任力测评指标的常模数据原始分统计量如表 8-1 所示，其数据分布中心与跨度区域如表 8-2 所示。

表 8-1　调度员各项岗位胜任力测评指标的常模数据原始分统计量

指标名称		知觉压力（分值）	外倾性（分值）	宜人性（分值）	尽责性（分值）	神经质（分值）	抑郁（分值）
N	有效	148	144	148	148	146	148
	缺失	0	4	0	0	2	0
均值		0.72	0.65	0.66	0.85	0.65	0.64
中值		0.69	0.73	0.62	0.90	0.42	0.48
众数		0.61	0.67	0.63	0.77	0.54	0.54
标准差		0.28	0.27	0.11	0.16	0.21	0.15
方差		0.08	0.07	0.01	0.03	0.04	0.02
极小值		0.43	0.37	0.39	0.53	0.48	0.47

续表

指标名称		知觉压力（分值）	外倾性（分值）	宜人性（分值）	尽责性（分值）	神经质（分值）	抑郁（分值）
极大值		0.82	0.90	0.85	0.95	0.78	0.84
	25	0.53	0.72	0.42	0.54	0.75	0.56
百分数	50	0.69	0.86	0.52	0.90	0.38	0.49
	75	0.75	0.47	0.67	0.81	0.58	0.57

指标名称		智力水平（分值）	良好关系取向（分值）	持续性注意（反应速度）	认知灵活性（反应速度）	多目标追踪（反应速度）	前瞻性记忆（正确率）
N	有效	116	148	117	118	112	117
	缺失	2	0	1	0	6	1
均值		0.61	0.76	0.68	0.68	0.74	0.56
中值		0.38	0.52	0.46	0.62	0.63	0.50
众数		0.53	0.53	0.58	0.71	0.69	1
标准差		0.11	0.17	0.19	0.35	0.24	0.33
方差		0.01	0.03	0.04	0.12	0.06	0.11
极小值		0.38	0.41	0.35	0.23	0.42	0.1
极大值		0.78	0.82	0.73	0.72	0.82	1
	25	0.75	0.42	0.40	0.28	0.45	0.30
百分数	50	0.38	0.52	0.46	0.62	0.63	0.50
	75	0.58	0.67	0.53	0.69	0.75	0.90

指标名称		风险决策（分值）	工作记忆（正确率）	任务切换（正确率）	视觉搜索（反应速度）
N	有效	116	118	118	116
	缺失	2	0	0	2
均值		0.71	0.59	0.88	0.66
中值		0.35	0.64	0.93	0.71
众数		0.69	0.53	1	0.54
标准差		0.29	0.16	0.26	0.24
方差		0.08	0.07	0.07	0.06
极小值		0.33	0.46	0.53	0.48
极大值		0.82	0.81	1	0.86

续表

指标名称		风险决策 （分值）	工作记忆 （正确率）	任务切换 （正确率）	视觉搜索 （反应速度）
百分数	25	0.35	0.64	0.63	0.49
	50	0.45	0.72	0.93	0.71
	75	0.65	0.69	0.97	0.57

表 8-2　调度员各项岗位胜任力测评指标的数据分布中心与跨度区域

测评指标	分布中心	跨度区域	测评指标	分布中心	跨度区域
知觉压力	0.69	0.39	持续性注意反应速度	0.46	0.38
外倾性	0.73	0.53	工作记忆正确率	0.43	0.56
宜人性	0.62	0.46	风险决策	0.35	0.49
尽责性	0.90	0.42	认知灵活性反应速度	0.62	0.49
神经质	0.42	0.30	前瞻性记忆正确率	0.50	0.90
抑郁	0.48	0.37	视觉搜索反应速度	0.71	0.38
良好关系取向	0.52	0.41	任务切换正确率	0.93	0.47
智力水平	0.58	0.40	多目标追踪反应速度	0.64	0.40

选取除三倍标准差以外数据的均值作为调度员岗位胜任力测评指标阈值，具体如表 8-3 所示。各项岗位胜任力测评指标阈值雷达图如图 8-1 所示，主要用于与调度员评估成绩雷达图相比较，当评估成绩位于标准雷达图以内时，说明胜任力测评不合格，即需进行干预。

表 8-3　调度员各项岗位胜任力测评指标阈值

测评指标	阈值	测评指标	阈值
知觉压力	0.72	持续性注意反应速度	0.68
抑郁	0.64	工作记忆正确率	0.59
良好关系取向	0.76	视觉搜索反应速度	0.66
外倾性	0.65	风险决策	0.71
宜人性	0.66	前瞻性记忆正确率	0.56
尽责性	0.85	认知灵活性反应速度	0.68
神经质	0.65	多目标追踪反应速度	0.74
智力水平	0.61	任务切换正确率	0.88

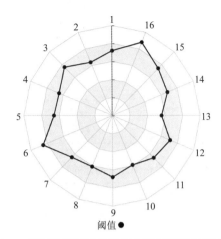

图 8-1　调度员各项岗位胜任力测评指标阈值雷达图

1. 知觉压力；2. 抑郁；3. 良好关系取向；4. 外倾性；5. 宜人性；6. 尽责性；7. 神经质；8. 智力水平；9. 视觉搜索反应速度；10. 持续性注意反应速度；11. 工作记忆正确率；12. 前瞻性记忆正确率；13. 认知灵活性反应速度；14. 多目标追踪反应速度；15. 任务切换正确率；16. 风险决策

第二节　干预矫正方案

存在工作安全隐患的在岗调度员是该体系的干预矫正对象，主要有：在岗调度员定期岗位胜任力测评成绩不合格者；在岗调度员工作期间出现失误，采用岗位胜任力测评方法与标准对其进行胜任力测评，成绩不合格者；在岗调度员生活中遭遇重大事件，采用岗位胜任力测评方法与标准对其进行胜任力测评，成绩不合格者。

对需要干预矫正的在岗调度员主要从心理干预调节和知识技能强化两个方面对其进行训练。对于量表得分不合格者，由心理学专业人员进行咨询疏导，起到干预矫正的效果。对于基础认知能力不合格者，针对该项认知能力选取调度员的基础认知能力与心理健康测试平台中的相关任务做专项能力提升训练，直至该项认知能力合格且稳定。对于应急处置能力不合格者，针对该项能力，选取指定应急场景在高铁 CTC 调度仿真平台进行专项能力提升训练，直至应急处置任务测试成绩合格且稳定。具体干预矫正方式如表 8-4 所示。

调度员长期处于高强度工作环境下，容易出现焦虑、烦躁等情绪，在干预矫正过程中要坚持以人为本的原则，充分考虑其接受度，循序引导恢复其作业安全水平。对于定期评估中发现存在作业风险隐患的在岗调度员，针对影响其作业安全的具体因素，结合调度指挥作业方式以及铁路局调度员人力资源管理方法，采取个性化的干预矫正方案，从知识技能强化和心理干预调节两个方面对其进行训练，以指导恢复调度员的作业安全水平。

表 8-4　调度员岗位胜任力隐患干预矫正方式

不合格项	干预矫正方式	合格标准
应急处置能力	应急场景模拟操作	训练结束 5 天后测试成绩合格
持续性注意能力	持续性注意任务	训练结束 2 天后测试成绩合格
视觉搜索能力	视觉搜索任务	训练结束 2 天后测试成绩合格
多目标追踪能力	多目标追踪任务	训练结束 2 天后测试成绩合格
前瞻性记忆能力	前瞻性记忆任务	训练结束 2 天后测试成绩合格
任务切换能力	任务切换任务	训练结束 2 天后测试成绩合格
工作记忆能力	工作记忆任务	训练结束 2 天后测试成绩合格
认知灵活性能力	认知灵活性任务	训练结束 2 天后测试成绩合格
风险决策偏向	风险决策任务	训练结束 2 天后测试成绩合格

第九章　调度员岗位胜任力测评系统设计与开发

第一节　系统整体架构

系统整体可分为基础能力测评系统与应急处置能力测评系统。基础能力测评系统包含 5 项心理品质测评模块及 8 项基本认知能力测评模块，应急处置能力测评系统目前设计了区间列车占用丢失应急处置场景，其中包含应急处置安全性和应急处置效率 2 项测评指标。系统整体架构如图 9-1 所示，系统实景图如图 9-2 所示。

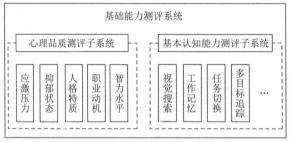
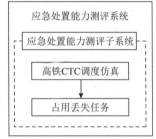

图 9-1　系统整体架构

(a) 应急处置能力测评系统　　　　　　(b) 基础能力测评系统

图 9-2　系统实景图（自主研发）

第二节　心理品质测评子系统

一、系统整体构成

由初选岗位胜任力测评指标有效性分析可确定心理品质测评子系统包括应激

压力测评模块、抑郁状态测评模块、人格特质测评模块、职业动机测评模块和智力水平测评模块 5 个模块，系统整体构成如图 9-3 所示。

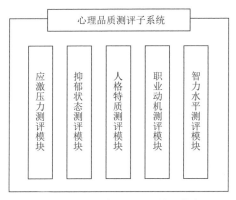

图 9-3　心理品质测评子系统整体构成

二、具体模块

1）应激压力测评模块

（1）测试内容：应激压力水平。

（2）测试工具：压力知觉量表。

（3）测试指标：压力知觉量表得分。

2）抑郁状态测评模块

（1）测试内容：抑郁状态。

（2）测试工具：抑郁自评量表。

（3）测试指标：抑郁自评量表得分。

3）职业动机测评模块

（1）测试内容：职业动机。

（2）测试工具：职业动机量表。

（3）测试指标：职业动机量表得分。

4）人格特质测评模块

（1）测试内容：人格特质。

（2）测试工具：大五人格量表。

（3）测试指标：外倾性、宜人性、尽责性、开放性和神经质各维度得分。

5）智力水平测评模块

（1）测试内容：智力水平。

（2）测试工具：瑞文标准推理测验。

（3）测试指标：瑞文标准推理测验得分。

第三节　基本认知能力测评子系统

一、系统整体构成

由初选岗位胜任力测评指标有效性分析可确定基本认知能力测评子系统涵盖了工作记忆测评模块、多目标追踪测评模块、视觉搜索测评模块、持续性注意测评模块、风险决策测评模块、任务切换测评模块、认知灵活性测评模块、前瞻性记忆测评模块 8 个模块，系统整体构成子系统如图 9-4 所示，系统实景如图 9-5 所示。

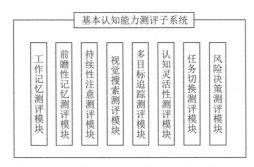

图 9-4　基本认知能力测评子系统整体构成

图 9-5　基本认知能力测评子系统实景图（自主研发）

二、具体模块

8 项基本认知能力的测评方法及计分方式已在第六章第一节中给出，这里不再赘述。

第四节　应急处置能力测评子系统

一、系统整体构成

应急处置能力测评子系统主要由高铁 CTC 调度仿真平台构成，其实景图如

图 9-6 所示，系统整体架构如图 9-7 所示。

图 9-6　应急处置能力测评子系统实景图（自主研发）

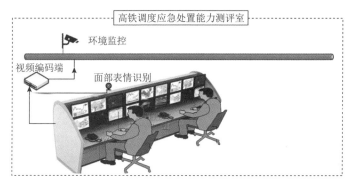

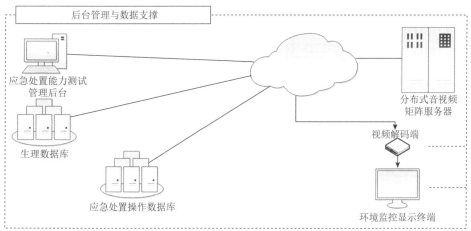

图 9-7　应急处置能力测评子系统整体架构图

　　应急处置能力测评子系统分为测试前端和后台管理端两部分。测试前端搭载的设备主要有 1∶1 高铁调度模拟台、环境监控摄像头、视频编码设备及其他辅助设备，后台管理端搭载的设备主要有高铁调度应急处置能力测试管理后台、各类测试数据实时监控显示终端、后台管理服务器、应急处置操作数据库等硬件和软件。

二、硬件构成

　　已有的经典应急处置能力测评方法的背景与调度指挥作业存在较大的差异，因此需要结合铁路调度指挥作业实际，采用模拟应急处置的方法对调度员的应急处置能力进行测评。为了达到全仿真的效果，应急处置模拟台采用 1∶1 全仿真的搭建方案，以保证测试环境和真实作业环境一致。根据现场布置，该仿真平台的硬件设备架构图如图 9-8 所示，配置要求如表 9-1 所示。

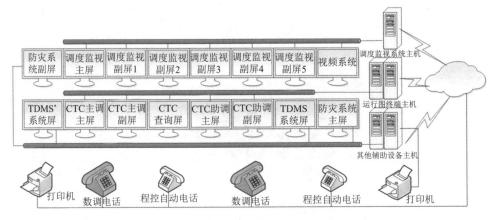

图 9-8　高铁 CTC 调度仿真平台硬件设备架构图

表 9-1　高铁 CTC 调度仿真平台硬件设备配置要求

设备		规格	数量
显示屏	调度监视主屏及副屏	24 英寸、1920×1200 分辨率	6
	防灾系统主屏及副屏		2
	CTC 主调主屏及副屏		2
	CTC 助调主屏及副屏		2
	TDMS 系统屏		2
	CTC 查询屏		1
	视频系统		1

---

　　* TDMS：铁路运输调度管理系统（Train Dispatching Management System）。

续表

设备		规格	数量
主机	调度监视设备	Windows7 系统、英特尔酷睿 i7 处理器	1
	CTC 调度终端系统		2
	TDMS 系统、辅助系统		2
数调电话		—	2
程控自动电话		—	2
打印机		黑白激光打印机	2

三、软件功能设计与实现方案

模拟平台是实现应急场景测试的基础，所以其设计的原则基于高铁 CTC 调度仿真平台的标准。为了实现调度应急处置模拟平台对各类突发应急场景的模拟，还需要配套的软件及通信程序将硬件系统联系起来，形成交互式的仿真模拟平台，并在对调度员测试的过程中模拟各类突发事件、底层车站接发列车、区间中列车的追踪运行，记录被测调度员的操作信息等。

四、高铁 CTC 应急处置模拟平台设计与实现方案

1. 平台设计

平台设计同样以不改变调度员交互终端为原则，平台交互终端包含行调计划终端、调度命令终端、调监显示终端、助调终端。

1）平台结构

如图 9-9 所示，平台分三层结构，交互层为调度员前端操作可视化终端，仿真层负责应急场景管理、运行仿真及车主联锁，存储层提供数据持久化功能。各层模块通过消息通信模块进行交互。

（1）交互层：包括计划图终端、调度命令终端、助调终端、调监显示终端，模拟实现 CTC 中助调台功能，完成排列进路、取消进路等操作。

（2）仿真层：运行仿真实现列控系统模拟；联锁仿真实现与助调台的交互，完成排列进路等相关操作。

（3）存储层：实现数据持久化方案。

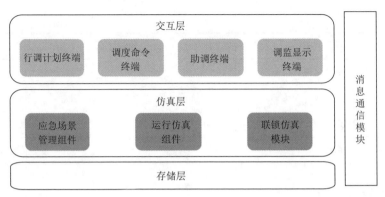

图 9-9　高铁 CTC 调度仿真平台分层结构图

2）网络拓扑

交互终端（行调计划、调度命令、助调台、调度监视）与仿真组件（应急场景管理组件、运行仿真组件、联锁仿真模块）及数据库这三部分通过局域网互联。图 9-10 为高铁 CTC 调度仿真平台网络拓扑图。

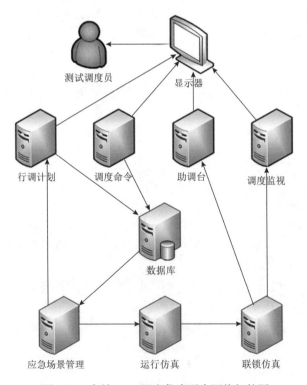

图 9-10　高铁 CTC 调度仿真平台网络拓扑图

3）业务流程

高铁 CTC 调度仿真平台应急场景测试业务流程如图 9-11 所示，主要分为三个部分：测试应急场景加载、应急场景处置、交互终端表示及交互信息持久化。

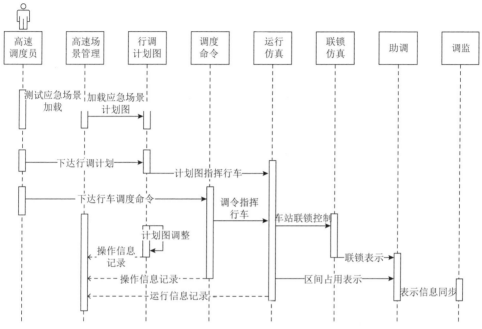

图 9-11　高铁 CTC 调度仿真平台应急场景测试业务流程

（1）模拟场景管理器，分配当前测试应急场景，并加载应急场景信息到交互终端。

（2）测试调度员处置当前应急场景，通过交互终端实现场景处置，过程中持久化测试调度员操作信息。

（3）仿真层组件接收交互层指令并执行，模拟场景行车，并将行车状态反馈到交互终端。

2. 实现方案

1）交互层

（1）行调计划终端，以高铁 CTC 行调计划终端作为实现标准。

（2）调度命令终端，以高铁 CTC 调度命令终端作为实现标准。

（3）调监显示终端，以高铁 CTC 调监显示终端作为实现标准。

（4）助调终端，以高铁 CTC 助调终端作为实现标准。

（5）与仿真层的通信，使用通信组件自定义交互协议进行通信。

2）仿真层

（1）应急场景管理组件，管理场景数据为高速应急场景。

（2）运行仿真：①模拟实现基于高速的列控仿真；②模拟高速线路运行列车；③模拟轨道占用信息，并通过通信组件发送到调监显示终端。

（3）联锁仿真：①模拟车站联锁；②模拟车站自律机排列进路；③模拟助调终端排列进路；③模拟车站占用信息，通过通信组件发送到调监显示终端。

3）存储层

采用基于 Windows 平台的 SQL Server 2008 R2 Express 数据库作为持久化工具。

4）研发/运行环境

高铁 CTC 调度仿真平台开发运行环境如表 9-2 所示。

表 9-2　高铁 CTC 调度仿真平台开发运行环境

编号	模块名称	运行环境	开发/编译环境和软件版本
1	行调计划	Windows7，64 位	VS Community 2015，.NET4.0
2	调度命令	Windows7，64 位	VS Community 2015，.NET4.0
3	运行仿真	Windows7，64 位	VS Community 2015，.NET4.0
4	联锁仿真	Windows7，64 位	VS Community 2015，.NET4.0
5	应急场景	Windows7，64 位	VS Community 2015，.NET4.0
6	助调	Windows7，64 位	VS Community 2015，.NET4.0
7	消息通信	Windows7，64 位	VS Community 2015，.NET4.0
8	数据存储	Windows7，64 位	SQL Server 2008 R2 Express

　　说明：基于 Windows 平台运行，采用 Microsoft Corporation 社区版开发、编译工具及社区版数据库系统；系统基础配置需求，内存：4G，CPU：i5-7400，显卡：支持调监 6 屏扩展显示；各个功能模块独立主机运行，通过路由器组建局域网通信。

第十章 结 论

调度员作为铁路运输系统中的关键性作业岗位，其作业的安全性与可靠性直接影响到铁路系统运行的安全与效率。因此，为探讨调度员岗位胜任力测评方法，针对性地建立全职业周期可靠的准入准出制度和作业风险评估方法成为保障铁路运营安全的关键问题之一。本书作者结合铁路运营实际情况，从人因工程学的角度进行了调度员岗位胜任力测评关键技术研究，并开发出成套调度员岗位胜任力测评系统，为该关键问题提供了科学化、定量化的解决方法。

参 考 文 献

安鸿章. 2008. 岗位胜任特征: 原理与应用. 北京: 中国劳动社会保障出版社.

陈峰. 2013. 高速铁路行车调度工作负荷评估问题研究. 成都: 西南交通大学.

陈华芳. 2013. The significance of improving librarian's professional happiness. 科技情报开发与经济, 23(5): 68-70.

陈祎, 吴志明. 2006. 基于胜任特征模型的知识员工激励. 中国人力资源开发, (11): 52-54.

陈睿玮. 2014. 高速铁路行车调度系统危险源辨识研究. 成都: 西南交通大学.

陈万思. 2005. 纵向式职业生涯发展与发展性胜任力——基于企业人力资源管理人员的实证研究. 南开管理评论, 8(6): 17-23, 47.

陈万思. 2006. 中国企业人力资源经理胜任力模型实证研究. 经济管理·新管理, (2): 55-62.

党圣鸣, 任嵘嵘. 2009. 基于灰关联的学生管理型教师胜任力评价模型研究. 西北师范大学学报(自然科学版), 45(2): 21-25.

丁秀玲. 2008. 基于胜任力的人才招聘与选拔. 南开学报(哲学社会科学版), (2): 134-140.

樊立群, 周燕. 2018. 园长胜任力: 幼儿教师专业发展的助推器. 教育评论, (4): 110-112.

高玉勤. 2020. 基于胜任力的小型国有企业员工培训问题探究——以上海J公司为例. 中国商论, 11(12): 164-165.

龚瑞维, 廖泉文, 万希. 2007. 人力资源管理系统对组织绩效影响之相关研究综述. 当代经济管理, 29(3): 91-94.

何齐宗, 熊思鹏. 2015. 高校教师教学胜任力模型构建研究. 高等教育研究, 36(7): 60-67.

黄晓林, 张淑华. 2019. 个体胜任力与工作绩效关系的元分析. 成都师范学院学报, 35(2): 86-94.

黄秀娟, 黄勋敬. 2007. 人力资源提升新理念——基于胜任力的培训体系设计研究. 科学管理研究, 25(6): 93-96.

贾建锋. 2011. 基于胜任特征的知识型企业战略性人力资源开发研究. 北京: 经济科学出版社.

蒋春燕, 赵曙明. 2004. 企业特征、人力资源管理与绩效: 香港企业的实证研究. 管理评论, 16(10): 22-31.

金杨华, 陈卫旗, 王重鸣. 2004. 管理胜任特征与工作绩效关系研究. 心理科学, 27(6): 1349-1351.

李超平, 时勘. 2000. 员工素质测评系统建立中的几个问题. 中国人力资源开发, (3): 33-35.

李志成, 李岚, 田亮. 2017. 地铁控制中心"优秀调度员"胜任力特征模型构建. 安徽建筑工业学院学报(自然科学版), 25(3): 87-91.

梁建春, 时勘. 2005. 组织的核心胜任特征理论及其人力资源管理. 重庆大学学报(社会科学版), 11(4): 127-129.

林忠, 王慧. 2008. 财政干部胜任力与绩效关系的实证研究. 财政研究, (3): 52-56.

刘凤英, 李孝民. 2012. 胜任力模型构建方法研究综述. 中国商贸, (7): 117-118.

刘洁. 2014. 胜任力模型下企业培训方案设计的思路. 人力资源管理, (6): 111-112.

刘钦瑶, 葛列众, 刘少英. 2007. 教师胜任力研究述评. 高等工程教育研究, (1): 65-69.

刘莎, 许英. 2018. 长期护理人员岗位胜任模型的理论构架. 新西部(下旬刊), (10): 85-86.

刘珊珊, 薛锋. 2017. 基于贝叶斯网络的高速铁路行车调度指挥人因可靠性研究. 交通运输工程
　　与信息学报, 15(3): 78-83.

刘向阳, 许廷平, 张德海, 等. 2013. 构建岗位胜任能力模型 重塑公司培训管理体系. 石油教
　　育, (1): 76-78.

刘晓英. 2011. 基于胜任力的企业高层管理人员绩效评价体系研究. 企业经济, (1): 80-82.

罗秋雪, 高超民. 2019. 应用型高校教师胜任力模型研究. 未来与发展, 43(4): 87-91.

潘娜, 易丽丽. 2014. 中国公务员胜任力研究的误区、困境及对策. 首都经济贸易大学学报, (5):
　　45-49.

潘文安. 2005. IT 行业项目经理人胜任力模型研究. 科技进步与对策, (2): 152-154.

彭剑锋. 2004. 理性校正中国企业 HRM 错位(下). 人力资源, (10): 40-42.

乔丽花. 2016. 运用行为事件访谈法提炼顶尖医师胜任力要素的研究. 北京: 北京中医药大学.

邱乔红. 2011. 行为事件访谈法在面试中的应用. 中国劳动, (9): 46-48.

谌珊. 2015. 烟草企业中层管理者选拔机制研究. 黔南民族师范学院学报, 35(3): 102-105.

时勘, 王继承, 李超平. 2002. 企业高层管理者胜任特征模型评价的研究. 心理学报, 34(3):
　　306-311.

时雨, 张宏云, 范红霞, 等. 2002. 360 度反馈评价结构和方法的研究. 科研管理, 23(5): 124-129.

宋丁伟, 宋新平, 刘桂锋, 等. 2014. 企业情报人员胜任力模型的构建与实证研究. 图书馆学研
　　究, (8): 97-100.

苏芳, 左延莉, 吴彩媛, 等. 2015. 广西乡镇卫生院全科医生岗位胜任力模型的构建研究. 中国
　　全科医学, (16): 39-46.

孙丽. 2005. 建立航天科研领域专业人员胜任力特征模型. 北华航天工业学院学报, 15(5): 1-2, 6.

孙瑞山, 赵宁, 李敬强, 等. 2014. 空中交通管制员胜任素质模型结构分析. 中国安全科学学报,
　　24(10): 8-14.

汪如洋, 时勘. 1999. 对 ISO9000 审核员胜任特征的评估. 上海质量, (8): 18-20.

王鹏, 时勘. 1998. 培训需求评价的研究概况. 心理科学进展, (4): 36-38.

王霞, 孙石磊. 2013. 民航维修单位质量控制员胜任力模型研究. 中国安全生产科学技术, (1):
　　66-71.

王一晨, 赵汝成. 2018. 基于人格特质的民航飞行员心理胜任力模型. 中国民航大学学报, 36(3):
　　46-51.

王玉花, 袁忠, 谌永毅, 等. 2014. 新护士岗位胜任力模型指标体系的构建. 护理学杂志, 29(21):
　　53-55.

王重鸣, 陈民科. 2002. 管理胜任力特征分析: 结构方程模型检验. 心理科学, (5): 513-516.

吴海涛, 罗霞. 2014. 基于直觉三角模糊 TOPSIS 的高铁列车调度指挥人因失误风险排序. 中国
　　安全生产科学技术, (4): 139-144.

吴坚红. 2006. 基于胜任力培训体系及有效性实证研究. 杭州: 浙江大学.

吴志明. 2006. 基于胜任特征模型的人力资源管理变革. 生产力研究, (6): 240-242.

武彤. 2018. 大数据时代下企业人力资源招聘体系的构建——基于胜任力模型视角. 中国商贸,
　　(24): 9-11.

肖海平. 2017. 铁路行车调度员行车指挥安全的风险控制. 内燃机与配件, (12): 109-110.

谢景山, 李庆萍. 2014. 基于岗位胜任能力的企业培训机构课程体系构建——以 y 企业安全管理岗位专业培训课程体系为例. 石油化工管理干部学院学报, (1): 26-30.

许祥秦, 闫俊宏. 2007. 胜任力模型在企业人力资源管理中的应用. 科技管理研究, 27(11): 208-209.

闫子安. 2013. 铁路行车调度员行车指挥安全的风险控制. 交通运输研究, (4): 111-114.

阎巩固. 1997. 《管理人员行为风格测验》的编制研究//第八届全国心理学学术会议论文摘选集, 277.

杨雪莹. 2009. 基于胜任力的公务员绩效测评系统研究. 法制与社会, (20): 211.

姚凯, 陈曼. 2009. 基于胜任素质模型的培训系统构建. 管理学报, 6(4): 532-536.

姚翔, 王垒, 陈建红. 2004. 项目管理者胜任力模型. 心理科学, 27(6): 1497-1499.

于立宏, 邓光汉. 2004. 基于能力的薪酬方案及其设计. 软科学, 18(1): 89-93.

于维英, 张玮. 2011. 生产安全监督管理人员的胜任特征模型. 中国安全生产科学技术, 7(7): 133-137.

张荔函, 叶龙, 褚福磊. 2013. 动车组机械师胜任特征及其对安全绩效的影响研究. 中国安全科学学报, (5): 132-138.

张伟伟. 2017. 企业物流成本管理中存在的问题及应对策略. 现代营销(下旬刊), (9): 57-58.

赵春清. 2007. 基于胜任素质的薪酬模式构建. 郑州航空工业管理学院学报, 25(4): 80-83.

郑刚, 曾方芳. 2007. 基于胜任力的薪酬方案设计研究. 科技管理研究, 27(2): 113-115.

仲理峰. 2002. 家族式企业高层管理者胜任特征模型及其影响作用的研究. 北京: 中国科学院大学.

仲理峰. 2003. 胜任特征研究的新进展. 浙江工贸职业技术学院学报, 3(2): 33-41.

仲理峰, 时勘. 2004. 家族企业高层管理者胜任特征模型. 心理学报, 36(1): 110-115.

周斌. 2006. 基于胜任特征的员工招聘系统. 中国人力资源开发, (4): 60-62.

周红云. 2010. 基于绩效和胜任力的员工价值评估与激励——以 k 公司为例. 中国人力资源开发, (5): 38-42.

朱国锋. 2005. 船长胜任力职务分析问卷的编制. 中国航海, (2): 22-27.

朱稳根. 2008. 民航组织纪检监察人员胜任力开发及体系设计研究. 上海: 上海交通大学.

Alldredge M E, Nilan K J. 2000. 3m's leadership competency model: An internally developed solution. Human Resource Management, 39(2-3): 133-145.

Artis C R, Becker B E, Huselid M A. 1999. Strategic human resource management at lucent. Human Resource Management, 38(4): 321-328.

Blancero D, Boroski J, Dyer L. 1996. Key competencies for a transformed human resource organization: Results of a field study. Human Resource Management, 35(3): 383-403.

Boone H N, Boone D A. 2012. Analyzing Likert data. Journal of Extension, 50(2): 6.

Boyatzis R E. 1982. The Competent Manager: A Model for Effective Performance. New York: John Wiley & Sons.

Boyatzis R E. 1994. Rendering unto competence the things that are competent. American Psychologist, 49(1): 64-66.

Brill J M, Bishop M J, Walker A E. 2006. The competencies and characteristics required of an effective project manager: A web-based delphi study. Educational Technology Research & Development, 54(2): 115-140.

Chyung S Y, Stepich D, Cox D. 2006. Building a competency-based curriculum architecture to educate 21st-century business practitioners. Journal of Education for Business, 81(6): 307-314.

Cockerill T, Hunt J, Schroder H M. 1995. Managerial competencies: fact or fiction. Business Strategy Review, 6(3): 1-12.

Cohen S, Kessler R, Gordon L U. 1995. Measuring Stress: A Guide for Health and Social Scientists, New York: Oxford Press.

Costa P, Mccrae R. 2008. The Revised Neo Personality Inventory. Berlin: Springer.

Daouk-Yry L, Mufarrij A, Khalil M, et al. 2017. Nurse-led competency model for emergency physicians: a qualitative study. Annals of Emergency Medicine, 70(3): 357-362.

Derouen C, Kleiner B H. 1994. New developments in employee training. Work Study, 43(2): 13-16.

Draganidis F, Mentzas G. 2006. Competency based management: A review of systems and approaches. Information Management & Computer Security, 14(1): 51-64.

Drexler M. 1981. The other side: Assessing what you know, not who you are. The Plain Dealer Magazine, (3): 50-51.

Fallows J. 1985. The case against credentialism. The Atlantic Monthly, (12): 49-67.

Gertler J. 2003. Selection of Railroad Dispatcher Candidates. Evaluation & Assessment.

Goleman D. 1981. The new competency tests: Matching the right people to the right jobs. Psychology Today, (12): 35-46.

Green P C. 1999. Building Robust Competencies: Linking Human Resource Systems to Organizational Strategies. San Francisco: Josey-Bass.

Grozdanovic M, Janackovic G L, Stojiljkovic E. 2016. The selection of the key ergonomic indicators influencing work efficiency in railway control rooms. Transactions of the Institute of Measurement and Control, (10): 1-10.

Guglielmino P J, Carroll A B. 1979. The hierarchy of management skills: Future professional development for mid-level managers. Management Decision, 17(4): 341-345.

Guo Z, Zou J, He C, et al. 2020. The importance of cognitive and mental factors on prediction of job performance in chinese high-speed railway dispatchers. Journal of Advanced Transportation, 1-13.

Hondeghem A, Parys M. 2002. Competency management in belgium: the flemish and federal governments on the move. Small Animal Internal Medicine, 82(9): 558.

Klemp G. 1980. The assessment of occupational competence. Final report: I. Introduction and overview. Environmental Science & Technology, 21(8): 821-824.

Koenig P. 1974. Field report on psychological testing of job applicants: They just changed the rules on how to get ahead. Psychology Today, (6): 87-103.

Ledford G E. 1995. Paying for the skills, knowledge, and competencies of knowledge workers. Compensation & Benefits Review, 27(4): 55-62.

Lindsay R P, Stuart R. 1997. Reconstruing competence. Journal of European Industrial Training, 21(9): 327.

Lindgren A, Doria A, Schelén O. 2004. Probabilistic Routing in Intermittently Connected Networks. International Workshop on Service Assurance with Partial and Intermittent Resources. Berlin: Springer.

MaChlowitz M. 1985. Whiz Kids: Success at An Early Age. New York: Arbor House.

McClelland D C. 1973. Testing for competence rather than for "intelligence". American Psychologist, 28(1): 1-14.

McConnell E A. 2001. Competence vs. competency. Nursing Management, 32(5): 14.

McLagan P A. 1980. Competency models. Training & Development Journal, 34(12): 22-26.

McLagan P A. 1996. Great ideas revisited. Competency models. Creating the future of HRD. Training & Development, 50: 60-65.

Mirabile R J. 1997. Everything you wanted to know about competency modeling. Training & Development, 51(8): 73-77.

Mueller R, Turner R. 2010. Leadership competency profiles of successful project managers. International Journal of Project Management, 28(5): 437-448.

Nordhaug O. 1998. Human-resource development for the future‖competence specificities in organizations: A classificatory framework. International Studies of Management & Organization, 28(1): 8-29.

Olesen C, White D, Lemmer I. 2007. Career models and culture change at microsoft. Organization Development Journal, 25(2): 31-35.

Parry S B. 1996. Just what is a competency? (and why should you care?). Training, 35(6): 58-60.

Peterson N G, Mumford M D, Borman W C, et al. 1995. Development of prototype Occupational Information Network (O*NET) content model. Volume I: Report [and] Volume Ⅱ: Appendices. American Institutes for Research, Washington D C.

Peterson R A. 1994. A meta-analysis of Cronbach's coefficient alpha. Journal of Consumer Research, (2): 381-391.

Potthoff D, Huisman D, Desaulniers G. 2010. Column generation with dynamic duty selection for railway crew rescheduling. Transportation Science, 44(4):493-505.

Prahalad C K, Hamel G. 1990. The core competence of the cooperation. Harvard Business Review, 68(3): 79-91.

Raelin J A. 1996. The future of management education: reconsidering professional education and action learning. Metropolitan Universities: An International Forum, 7(3): 57-72.

Richard S, Mansfield. 1996. Building competency models: approaches for HR professionals. Human Resource Management, 35(1): 7-18.

Rodolfa E, Greenberg S, Hunsley J, et al. 2013. A competency model for the practice of psychology. Training & Education in Psychology, 7(2): 71-83.

Roth E M, Malsch N, Multer J. 2001. Understanding how train dispatchers manage and control trains: results of a cognitive task analysis. Federal Railroad Administration, Washington DC.

Rothwell W J, Lindholm J E. 1999. Competency identification, modelling and assessment in the USA. International Journal of Training & Development, 32(2): 90-105.

Samakouri M, Bouhos G, Kadoglou M, et al. 2012. Standardization of the greek version of Zung's self-rating anxiety scale (SAS). Psychiatriki, 23(3): 212-220.

Sanchez J I, Levine E L. 2009. What is (or should be) the difference between competency modeling and traditional job analysis? Human Resource Management Review, 19(2): 53-63.

Spencer L M, Spencer S M. 1993. Competence at Work: Models for Superior Performance. New York: Wiley.

Wilson J R, Norris B J. 2006. Human factors in support of a successful railway: A review. Cognition Technology & Work, 8(1): 4-14.

Zung W W. 1965. A self-rating depression scale. Archives of General Psychiatry, 12(1): 63-70.